国語教科書の読解力は「図読法」でつける

“作業”で物語の“構造”を読み取る指導法

教授法創造研究所
椿原正和 著
Tsubakihara Masakazu

学芸みらい社

まえがき

今回、私が提案する指導法は、「図読法」といいます。

「図読法」を次のように定義します。

「作業」により物語文の「構造」を読み取る指導法。

「図読法」によって、これまでには見られなかったような「事実」が全国から報告されています。

例えば、支援学級の子供たちが物語の「主題」まで読み取ることができた。

例えば、全ての子供たちが場面ごとのあらすじを言えるようになった。

例えば、長文の指導が苦手だった若い教師が、物語の構造を授業できるようになった。

教科書の内容を理解させるために、「図」に表すということは、これまでも多くの教師によって実践されています。

例えば、芦田恵之助は、有名な「七変化の教式」を解説する中で、「このように、児童の目の前に縮約され、図式化された文章のすがたを見せるわけである。読解の作業の中に、『かく』という『手による作業』を取り入れ、重要語句を書くことによって、文章理解を深めようとしたことは、この教式の大きな特色である」と述べています。

また、社会科においても山口康助氏は、『社会科指導内容の構造化』の中で、単元を構造図に表すことを提案しています。昭和38年の時点です。

今回の「図読法」は、このような先達の実践の延長にあるということです。

Ⅰ章「主題まで読み取る『図読法』の授業づくり」では、「図読法」の最も典型的な実践として「モチモチの木」を取り上げています。場面分けから主題の読み取りまでの「図読法」の授業の流れが分かります。「図読法」の導入として最適な実践です。

Ⅱ章「『作業』で物語の『構造』を読み取る『図読法』」では、「図読法」のステップ１からステップ４までの考え方をさまざまな教材を使いながら説明しています。他の教材で実践する際の原点になる章です。

Ⅲ章「読解力を育てる『場面要約』のスキル」では、「ごんぎつね」を例に「図読法」の指導過程の中の読解力にとって重要な指導項目である「要約」の授業を詳細に解説しています。

Ⅳ章「『出来事・事件』による『場面分け』とスキーマの必要性」では、「大造じいさんとガン」を例に、教科書の場面分けと「図読法」における「出来事・事件」による場面分けとの違いを説明しています。また、物語文を読解する上で前提となる知識としての時代背景やハヤブサ、ガンに関する基本的な知識の重要性について解説しています。

Ⅴ章「クライマックスから主題に迫る手立て」として「モチモチの木」を例に、子供相手に行ったオンライン授業の記録を紹介しています。１時間で「図」を基に再話をし、クライマックスから主題まで読み取る授業です。

Ⅵ章「『言葉の言い換え』を通して育つ言語感覚・語彙力」として「大造じいさんとガン」を例に、対面での子供相手の実際の授業記録を紹介しています。

令和３年11月29日

椿原正和

目次

Ⅱ 「作業」で物語の「構造」を読み取る「図読法」

Ⅲ 読解力を育てる「場面要約」のスキル
～「ごんぎつね」の授業づくり～

Ⅳ「出来事・事件」による「場面分け」とスキーマの必要性
～「大造じいさんとガン」の授業づくり～

I

主題まで読み取る「図読法」の授業づくり

～「モチモチの木」を例に～

1 【図読法の基礎基本 一】物語の構造を読み取らせる指導法「作業」

図読法とは、作業を通して物語の構造を読み取らせる指導法です。

二〇二〇年の八月、私が開発しました。

今回、国語科の学習指導要領では、「構造」という言葉が四十五回出てきます。

前回の学習指導要領では四回でしたから、いかに今回の学習指導要領における「構造」の位置付けが強調されているかが分かります。

では、物語を構造として読み取るにはどうすればよいか。

どのような形で実現していけばよいか。

――ということを考えて開発したのが、「作業」というキーワードです。

2 【図読法の基礎基本 二】全体の構造を読み取る「作業」

図読法は、物語の読み取り方です。

全体の構造を読み取っていく指導法です。

その単元構成は、下の①~⑤のようになります。

まず、場面分けをします。

これは出来事、事件ごとに分けるので、教科書につけられている見出し、あるいは番号、それと異なる場合もあります。

三番目として、場面ごとにシンプルな図を作成します。

「図読法」による物語文の授業方法

① 「構造的読解」の単元構成とする。
② 場面(出来事・事件)分けをする。 ＊教科書の見出し等にとらわれない。3教材やってみる。
③ 場面ごとにシンプルな「図」を作成し再話する。 ＊登場人物の「言動」によって図を作成する。
④ 場面(出来事)ごとの要約文を作成する。 ＊共通した言葉はないか。文末に登場人物(視点)。
⑤ 全体構造一覧を作成する。(主題は学会誌まで調査) ＊起承転結、モチーフ、主題を検討し一覧を修正する。

この時に、その図をもとに再話をさせます。

お話・あらすじを全員に言わせる。ここが極めて重要です。

四番目が場面ごとの要約文を二十字～二十五字で作らせます。

そして、五番目に、全体構造の一覧を展開し、起承転結、モチーフ、主題というように展開していきます。

3 【図読法の基礎基本 三】全体を場面分けする

図読法は、まず全体を場面に分けます。

この時に、教科書に書いてある一行空きや、数字や、見出しなど、そういうものは参考にしますが、基本的には出来事・事件で分けていきます。

ですから、教科書の分け方とは当然違ってくる場面もあるのです。

まず、教師が自分で分けてみてください。

その時に、なぜそのように分けたかという理由も考えます。

そして、教師が三人で出来事・事件分けをすると、三人とも分け方が微妙に違ってくることがほとんどです。

ですから、校内研あるいはサークル、学習会等で、数名で、もう一度検討してみてください。

その中で、分け方が違ったところは、分け方としては授業にはかけません。

はっきり、どの教師も同じようになったところを、子供に分けさせるという

② 場面（出来事・事件）分けをする。
＊教科書の見出し等にとらわれない。5～10の場面に分ける。

①まず自分で分けてみる。
「出来事」「事件」という観点で。理由も書いておく。
②校内研で検討する。
必ず分け方の違う箇所がある。
③授業化する。
②で分け方が違った箇所は、授業にかけない。子供が混乱する。はっきり分かる箇所を子供に考えさせスキルの良さを実感させる。

スキルを体験させるために実施してみてください。

4 【図読法の基礎基本　四】「説明」という用語で「場面分け」する

場面分けのところです。

まず、教科書に見出しがついている部分があります。

場面分けというのは、「出来事」「事件」で分けていきますので、最初が一の場面ではないということをこれで説明しています。

最初には、「説明」という用語を使っています。

人物像の大まかな説明、時代背景、そういうことが最初に書いてあります。この場面は、一の場面というようには捉えないのです。

説明、そして、一・二・三の場面、これは教科書と同じ見出しのところで分けます。

四の場面、五の場面、これは、教科書の見出しではないところで分けています。

そこでは、別の事件が起きていると捉えられる場合は、このように四の場面、五の場面と途中でも分けていきます。

最後の六の場面も同じです。

一番最後の三行。

ここがまた「説明」に戻っているという捉え方をすることができるのです。

5 【図読法の基礎基本　五】登場人物を書く

三の場面を「図読法」＝図に表すところをやります。

「図読法」の方法としては、四つ挙げています。

①　登場人物を書く。

②　矢印を書く。

③　その登場人物の言動を書く。

④　これを繰り返していく。

この最も短い三の場面でやってみます。

ここで重要なのは、その場面に登場人物がたくさん出てくる場合があります。全て書く必要はありません。中心人物、それから対役。多くて三名くらいです。

そして、ここでは言動しか書かないということがポイントです。気持ちは取り上げません。

このことが実は、支援学級の子供たちが取り組める秘訣なのです。

6 【図読法の基礎基本　六】登場人物を決めてノートに書く

図読法で三の場面を書いていきます。

三の場面を音読させます。

「登場人物が誰か？」

そうすると、豆太、じさまが出てきます。

豆太というのは、じさまもそうですが、他にも、何箇所も三の場面で出てき

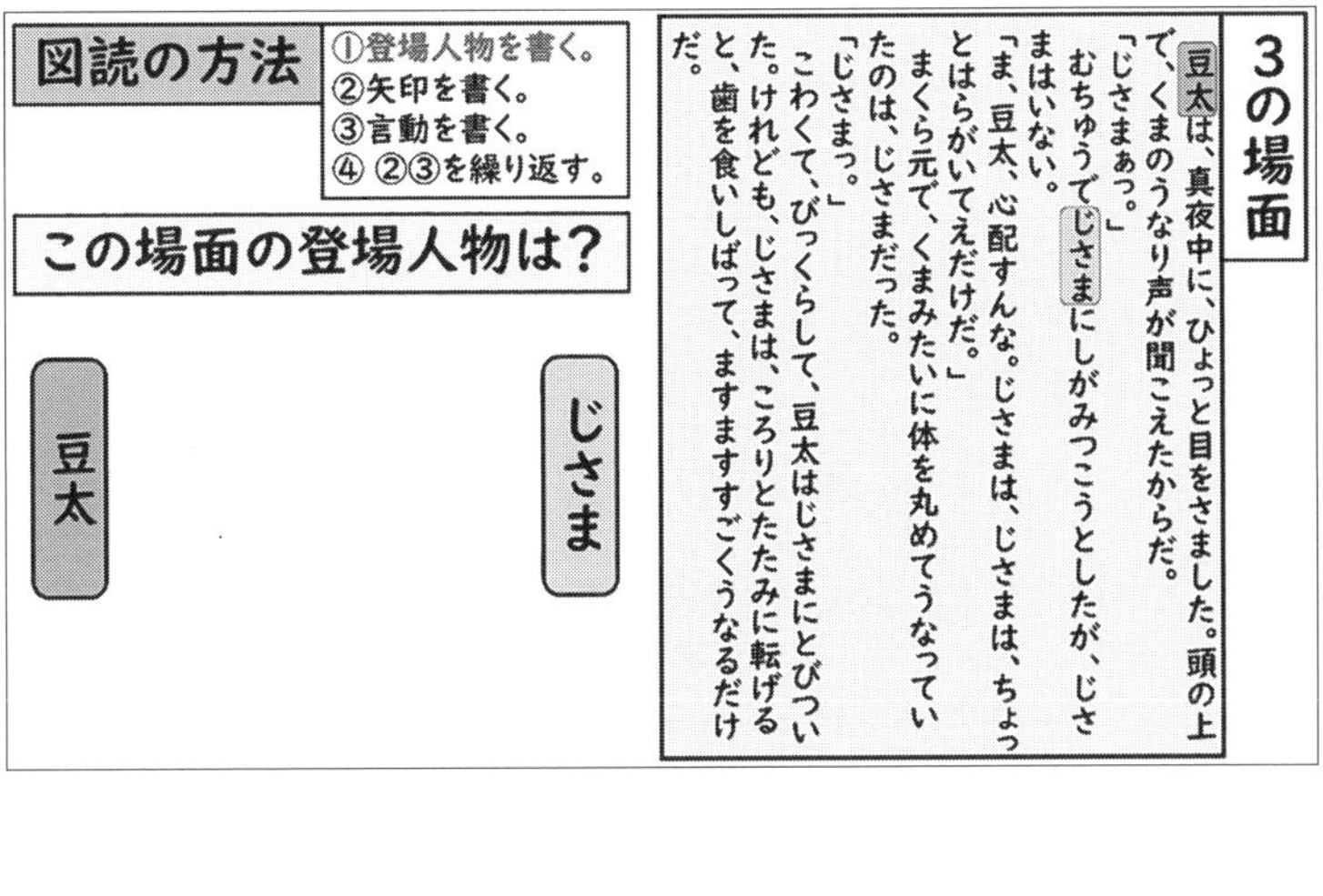
3の場面
豆太は、真夜中に、ひょっと目をさました。頭の上で、くまのうなり声が聞こえたからだ。
「じさまぁっ。」
むちゅうでじさまにしがみつこうとしたが、じさまはいない。
「ま、豆太、心配すんな。じさまは、じさまは、ちょっとはらがいてえだけだ。」
まくら元で、くまみたいに体を丸めてうなっていたのは、じさまだった。
「じさまっ。」
こわくて、びっくらして、豆太はじさまにとびついた。けれども、じさまは、ころりとたたみに転げると、歯を食いしばって、ますますすごくうなるだけだ。
図読の方法
①登場人物を書く。
②矢印を書く。
③言動を書く。
④ ②③を繰り返す。
この場面の登場人物は？
じさま
豆太

ます。

ですから最初に出てくるところ、二箇所でいいと思います。

じさまは前の行にもありますが、それはカギ括弧の中ですので、地の文で出てくるところというところで、豆太とじさまに指を置かせます。

「お隣と確認」

そして、

「丸で囲む」

その後、ノートに右端二マスくらい空けて、「じさま」と書きます。

そして、その周りを、定規を使って四角で囲みます。

これは少し、長めの方がよいです。

例えば、じさまの「じ」、一マス空けて「さ」、一マス空けて「ま」、というようにしておくとよいでしょう。

または、

「何マス使いなさい」

という形で言います。

「『豆太』はそのノートの端っこに書きなさい」

このような形で書かせます。

まず、ここまで「じさま」という登場人物を決めて、そして、ノートに書かせるというところまででも、様々な工夫があります。

このようにやってみてください。

ノートバージョンでした。

7 【図読法の基礎基本　七】図読の実践——どちらが重要か

三の場面の図読の実践です。

まず、矢印を引きます。

豆太からじさまに矢印を引きます。

これは何を意味するかというと、豆太が主語になるということです。

豆太がじさまに、あることを言った、あることをした、言動を表します。

それを三の場面の最初の方から探す、ということです。三行目です。

見てみますと、豆太が「じさまぁっ」と言っています。

さらに四行目には、「しがみつこうとした」と書かれています。そして行動をとっています。

つまり、言ったこと、したことの二つがあるのです。

この中のどちらを選ぶのかということ。これは教師の教材研究力にかかってきます。

もちろん、どちらでも構いませんが、これは全体の図に表したときに、

「どちらがより重要か？」

ということを判断して、決定していくのです。

このことが図読法の中で行う教師の教材研究になるわけです。

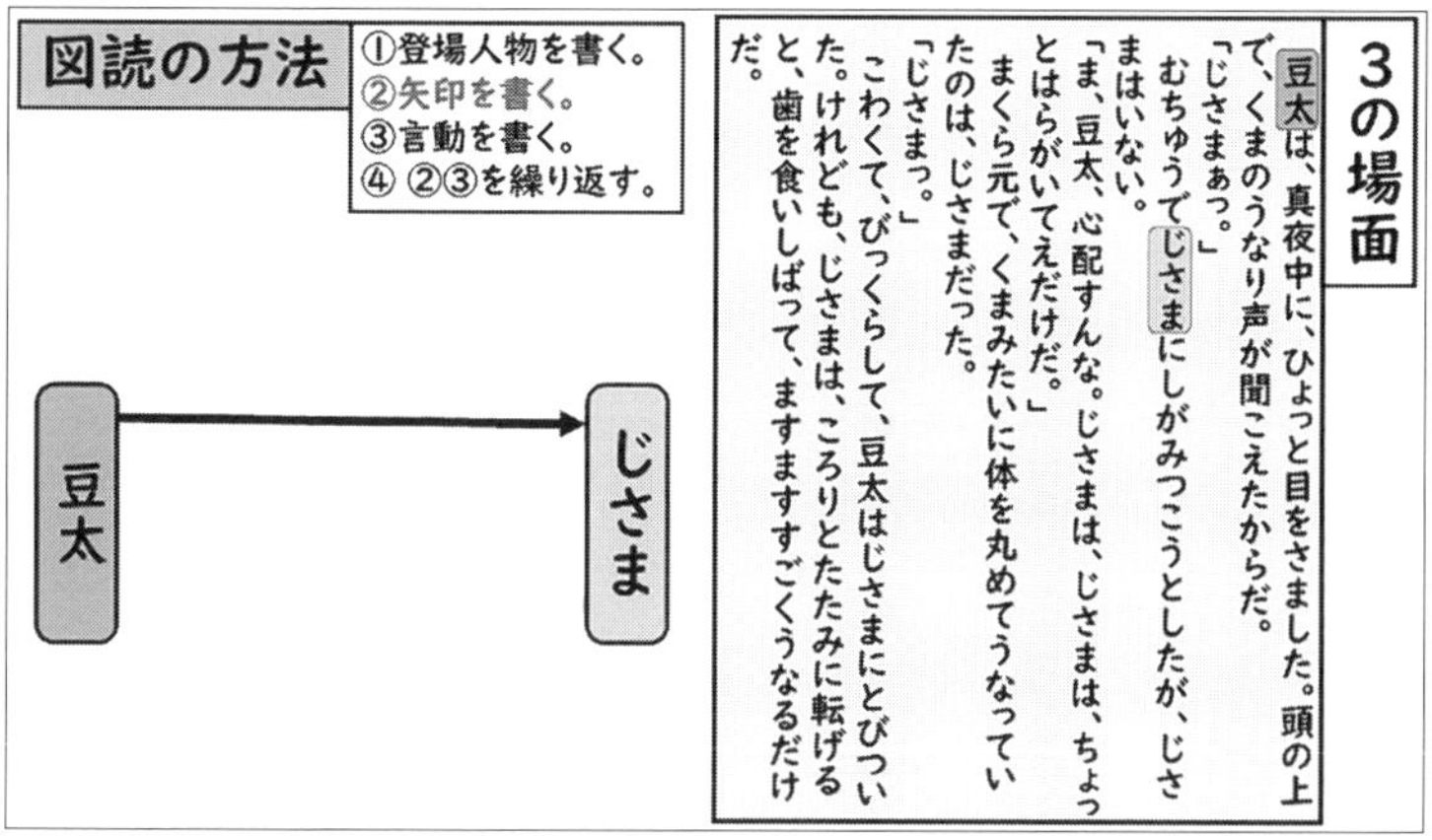
3の場面
豆太は、真夜中に、ひょっと目をさました。頭の上で、くまのうなり声が聞こえたからだ。
「じさまぁっ。」
むちゅうでじさまにしがみつこうとしたが、じさまはいない。
「ま、豆太、心配すんな。じさまは、じさまは、ちょっとはらがいてえだけだ。」
まくら元で、くまみたいに体を丸めてうなっていたのは、じさまだった。
「じさまっ。」
こわくて、びっくらして、豆太はじさまにとびついた。けれども、じさまは、ころりとたたみに転げると、歯を食いしばって、ますますすごくうなるだけだ。
図読の方法
①登場人物を書く。
②矢印を書く。
③言動を書く。
④ ②③を繰り返す。
豆太
じさま

8 【図読法の基礎基本　八】限定して言葉を選び番号をつける

図読法の二つ目になります。

今回は、じさまから豆太に矢印が出ています。

もうお分かりですね。

つまり、主語は、じさまということになります。

じさまが豆太にあることをした、あることを言ったということです。

実際、三の場面の、「しがみつこうとした」の続きを読んでいくと、

「ま、豆太、心配すんな。じさまは、じさまは、ちょっとはらがいてえだけだ」

と言っています。

これは全て書くと、当然図の中がぐちゃぐちゃになってしまいます。

ですから、この中から「心配すんな」を選びます。

このように限定していくということ。ここは教師の仕事です。

どの言葉を選ぶのか。「言葉が立つ」といいます。

そのように見えてくるようになると、教材研究力がついたということがいえるでしょう。

重要なのは、「番号」がついているということ。

この番号があるから、順番に後ほど、再話、この場面のあらすじを再現することができます。

3の場面

豆太は、真夜中に、ひょっと目をさました。頭の上で、くまのうなり声が聞こえたからだ。

「じさまぁっ。」

むちゅうでじさまにしがみつこうとしたが、じさまはいない。

「ま、豆太、心配すんな。じさまは、じさまは、ちょっとはらがいてえだけだ。」

まくら元で、くまみたいに体を丸めてうなっていたのは、じさまだった。

「じさまっ。」

こわくて、びっくらして、豆太はじさまにとびついた。けれども、じさまは、ころりとたたみに転げると、歯を食いしばって、ますますすごくうなるだけだ。

図読の方法

①登場人物を書く。
②矢印を書く。
③言動を書く。
④ ②③を繰り返す。

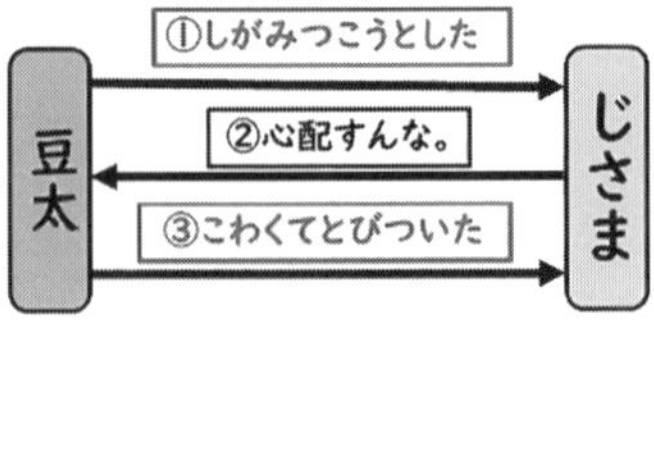

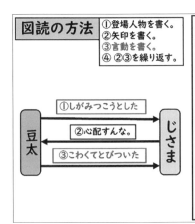

ですから、この図読法のポイントは、「番号」です。

9 【図読法の基礎基本　九】図をかいたあとの展開

三の場面。

いよいよ、この図をかいたあとの展開です。

ここが読解力において非常に重要な場面です。

学習活動ということになります。「再話」といいます。ドイツでも昔から行われている言語技術教育の一環です。お話を再現するということです。

例えばここでやってみると、
豆太がじさまにしがみつこうとした。じさまが豆太に「心配すんな」と言った。豆太はじさまにこわくてとびついた。

というように、この番号の順番に中央矢印のスタートの方からお話を再現するのです。

しかも、どの子もできるのです。三場面全て。

三の場面を子供たちが再び、あらすじ、概要、話をすることができます。

これが実は読解力に続き、極めて重要な学習活動ということが、外国のエビデンスにおいて立証されています。

図読法の一番大きなポイントは、この「再話をさせる」ということです。

ぜひ、先生方ご承知おきください。

10 【図読法の基礎基本　十】場面ごとの要約

三の場面を要約します。

要約は読解において非常に重要です。

通常、二十五字以内に要約をします。

文末は中心人物です。この場合は豆太ということになります。

ここで「腹痛」という言葉は出てきません。他の言葉に言い換えて腹痛にしているわけです。

このように言葉を言い換える力。これも極めて重要です。「語彙力」といいます。

このようなことを含めて二十五字以内に要約をしていきます。この力がとても重要です。

図読法における場面ごとの要約。

二十五字以内に要約をさせます。

一文字でもオーバーしたら駄目です。ここも重要です。

そのことによって子供たちは読解力をつけていきます。

11 【図読法の基礎基本 十二】全体構造を一覧にする

場面の図読のやり方について説明をしました。

そのあとは、次ページの図のような全体構造を一覧にした資料を作ります。

ここで、起承転結、さらにはモチーフ（中心題材）そして主題へと検討していくわけです。

3の場面

豆太は、真夜中に、ひょっと目をさました。頭の上で、くまのうなり声が聞こえたからだ。

「じさまぁっ。」

むちゅうでじさまにしがみつこうとしたが、じさまはいない。

「ま、豆太、心配すんな。じさまは、じさまは、ちょっとはらがいてえだけだ。」

まくら元で、くまみたいに体を丸めてうなっていたのは、じさまだった。

「じさまっ。」

こわくて、びっくらして、豆太はじさまにとびついた。けれども、じさまは、ころりとたたみに転げると、歯を食いしばって、ますますすごくうなるだけだ。

要約　**25字以内**

腹痛でうなるじさまにこわくてとびついた豆太。

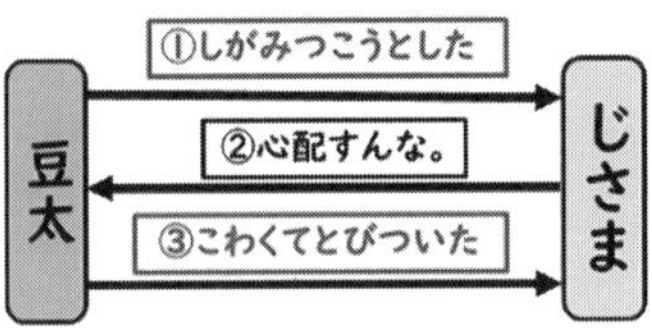

ただし、低学年、中学年、全ての学年で起承転結をやる必要は、もちろんありません。モチーフ（中心題材）においても同じです。

主題もそうですが、この中から学習指導要領に応じて、各学年で、その教材で、できるものをやっていくということで十分です。

ただ、若い先生方で重要なのは、この一覧表をご自分で作ってみるということです。

自分で考えて、自分で作る。どこかに答えを求めない。誰かの言っていることを探そうとしない。まずは自分で考える。

このことが、これからの教育に求められる子供のイメージでもあり、さらには、私たち教師の目指すところでもあるのです。

12【図読法の基礎基本 十二】登場人物の位置を確定

図読の一覧。

ここで見ていただきたいのは登場人物のところです。

じさま、豆太、そして医者と挙げていますが、じさまと豆太がメインになってきます。

中心人物、そして対役という形ですが、配置されている位置が同じだということです。じさまが右側、豆太が左側。

この右左はきまりではありませんが、同じ位置に配置をしていくというこ

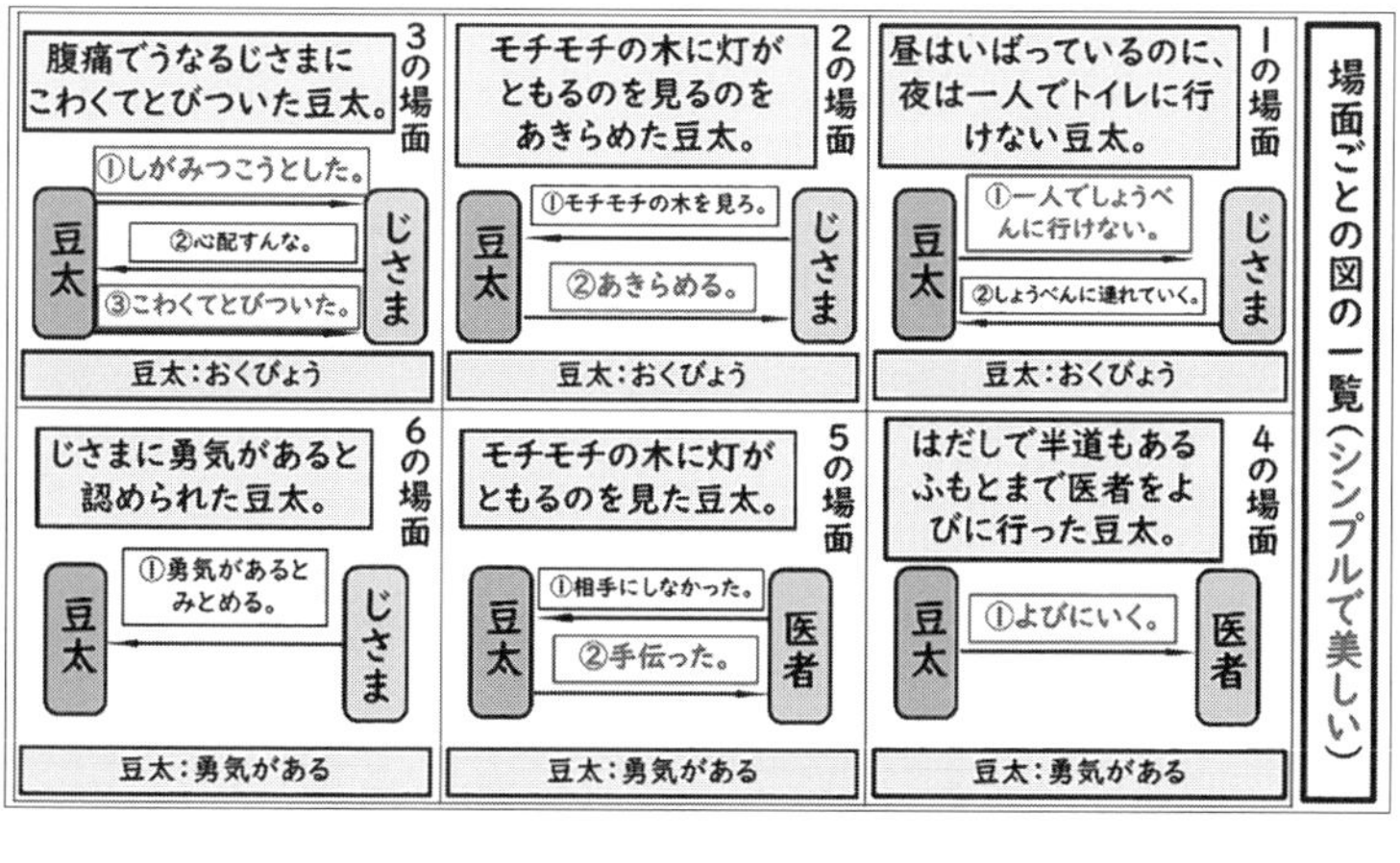
場面ごとの図の一覧（シンプルで美しい）
1の場面
昼はいばっているのに、夜は一人でトイレに行けない豆太。
じさま
豆太
①一人でしょうべんに行けない。
②しょうべんに連れていく。
豆太：おくびょう
2の場面
モチモチの木に灯がともるのを見るのをあきらめた豆太。
じさま
豆太
①モチモチの木を見ろ。
②あきらめる。
豆太：おくびょう
3の場面
腹痛でうなるじさまにこわくてとびついた豆太。
じさま
豆太
①しがみつこうとした。
②心配すんな。
③こわくてとびついた。
豆太：おくびょう
4の場面
はだしで半道もあるふもとまで医者をよびに行った豆太。
医者
豆太
①よびにいく。
豆太：勇気がある
5の場面
モチモチの木に灯がともるのを見た豆太。
医者
豆太
①相手にしなかった。
②手伝った。
豆太：勇気がある
6の場面
じさまに勇気があると認められた豆太。
じさま
豆太
①勇気があるとみとめる。
豆太：勇気がある

と。このことによって、四の場面に医者様が出てくることが明確に分かります。

さらに、三人出てくる場合、四人出てくる場合も、もちろんあるのですが、このような形で、登場人物の書く位置を決めておくことで、クライマックスのガラッと変わる場面が明確に見えてくる可能性が出てくるのです。

このように、登場人物の位置を確定して一覧を作ってみてください。

13【図読法の基礎基本　十三】クライマックスを検討する

「モチモチの木」の図読一覧を提示したあとは、クライマックスを検討します。

この時、

「モチモチの木の見え方がガラッと変わったのは、何場面ですか？」

という問い方をします。

クライマックスは、場面ではありません。

場面の中のある一文のことです。この定義が非常に重要です。

ですから、まず一文をいきなり見つけさせるのは大変です。

場面を見つけさせる。この時、図を一覧にしておくことで、要約の部分を見るだけで明確にクライマックス場面を把握することができます。

この場合、明らかに五の場面がガラッと変わったところです。私が授業した中でも、全ての子供たちがここに手を挙げます。

ここから、クライマックスを検討します。

モチモチの木の見え方がガラッと変わったのは何場面か。
1の場面
昼はいばっているのに、夜は一人でトイレに行けない豆太
じさま
2の場面
モチモチの木に灯がともるのを見るのをあきらめた豆太。
①モチモチの木を見ろ。
3の場面
腹痛でうなるじさまにこわくてとびついた豆太。
①しがみつこうとした。
豆太
クライマックス
4の場面
はだしで半道もあるふもとまで医者をよびに行った豆太。
豆太
①よびにいく。
医者
豆太：勇気がある
5の場面
モチモチの木に灯がともるのを見た豆太。
豆太
①相手にしなかった。
②手伝った。
医者
豆太：勇気がある
6の場面
じさまに勇気があると認められた豆太。
豆太
①勇気があるとみとめる。
じさま
豆太：勇気がある

14【図読法の基礎基本　十四】クライマックスは意見が分かれる！

図読の一覧を提示することにより、起承転結の、クライマックスが含まれている最も重要な「転」が、その場面であるということが分かります。

クライマックスは、ここに提示されているように、中心人物の考え方がそれまでとはガラッと変わる「一文」のことなのです。

場面がクライマックスではなくて、その「一文」を探させるのです。

この時に、教科書に必ず戻ること。ここが重要です。

やはり、教科書の一文、一つの言葉、これにこだわるということ。検討するということです。

ですから教科書に戻って、探させる。

そうすると必ず学級の中で、二箇所、または三箇所に分かれます。

つまり、意見が分かれるということが前提になるということは、理解させる討論の授業を、このあと行うことができるということなのです。主体的・対話的で深い学びの実現です。

ですからクライマックスは、討論が可能だということです。

15【図読法の基礎基本　十五】「主題」は「ワードを問う」から始めよう

いよいよ主題です。

モチモチの木の主題。

「豆太の成長なのか勇気なのか」

というところ。

この発問は、どこから出てくるのか。

これは、研究誌、学会誌、そういうものしかヒットしないGoogle Scholarという検索サイトがあります。その中で、「モチモチの木　主題」と入力すると、たくさんの論文が出てきます。

その中でＰＤＦ化されているもの全て読みます。これは、全て読まないと駄目です。

その結果、研究者の間でも、「成長」と「勇気」に分かれているということが分かったのです。

ですから、このことが主題を問う発問として生きるということです。

主題にはもちろん向山先生のように、一文で表す主題の表現の仕方もありますが、初期の頃には、このようにワードで問うということも考えられます。

いくつかの主題に対する考え方があるということを知った上で、このような授業ができるということです。

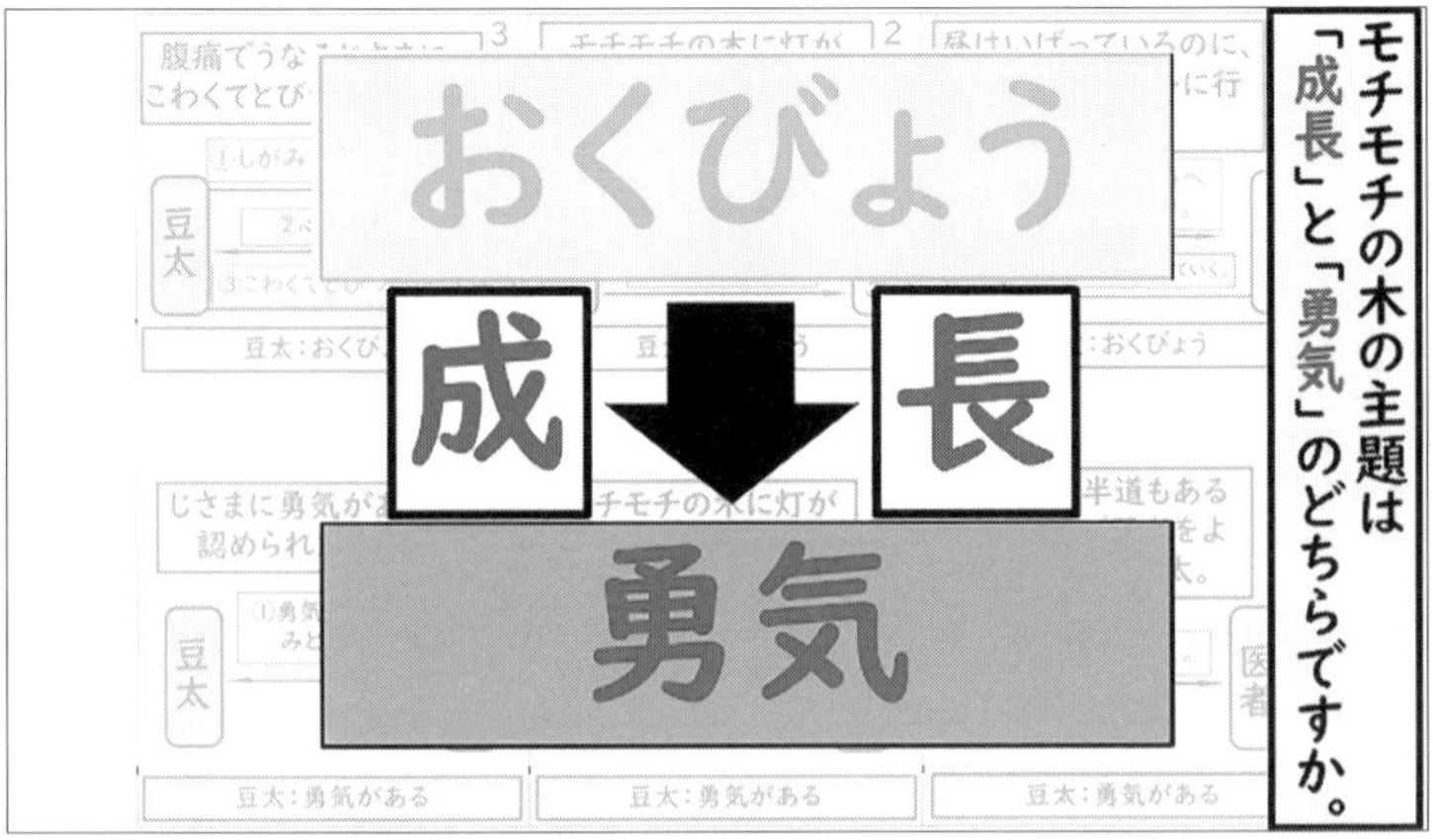

Ⅱ

「作業」で物語の「構造」を読み取る「図読法」

「ひょっとこ」は、三十数年前の教科書教材です。実は、その教材の授業から、この、全体構図を扱う分析批評B型の授業がスタートしたのです。

それを、私が今回、図読法という形で再現したということなのですが、ここでは、あまり「ひょっとこ」には触れません。

1 図読法の単元構成とは

①場面（出来事・事件）分けをする。
②場面ごとに登場人物の「言動」をシンプルな「図」にする。
③図をもとに場面のあらすじを「再話」する。
④場面ごとに二十五字以内で要約する。
⑤全体図読一覧を「提示」する。
⑥起承転結、モチーフ（中心題材）、主題を検討する。

この六つの単元構成で、授業を展開します。

パッと見ると難しいようですが、これを一つずつ解説していきます。

まず、これを四つに分けます。

右のようになります。

ステップ１　場面分け
ステップ２　図の作成と再話
ステップ３　場面ごとの要約

「図読法」４つのステップ

ステップ１　場面分け
①場面（出来事・事件）分けをする。

ステップ２　図の作成と再話
②場面ごとに登場人物の「言動」をシンプルな「図」にする。
③図をもとに場面のあらすじを「再話」する。

ステップ３　場面ごとの要約
④場面ごとに25字以内で要約する。

ステップ４　構造の検討
⑤全体図読一覧を提示する。
⑥起承転結、モチーフ（中心題材）、主題を検討する。

ステップ4　構造の検討

大きく分けると、このようになります。

2　場面分けはこうする

そのあとで、図の作成と再話をします。

そして、場面ごとの要約をします。

その後、高学年・中学年は、構造の検討に入ります。

では、一つずつ解説していきます。

まず、場面分けです。

今回、初めて、このような形で具体的に提示しました。

教科書の場面分けは、主に「時間の経過」で分けてあります。「図読法」では、「出来事・事件」の観点で分けます。したがって、教科書の場面分けと二～三割異なります。

これが一つ目です。

教科書は、一行空けてあるところや、番号で一・二・三と場面が書いてあることがあります。または、見出しが書いてあることもあります。あれは、基本的に時間の経過で書かれています。

例えば、「そのあくる年」や「次の日」です。

今回、図読法で扱うのは、それとは若干違って、「事件とか出来事」で分けていきます。

ですから、教科書と八割は同じですが、二～三割が若干違うというところが出てきます。

これが前提です。

物語文の構造には、次の二種類があります。

Ａ　最初に「説明」（人物像・設定等）がある場合

Ｂ　最初から一の場面となる場合

大きくこの二種類があります。

若い先生方の中には、物語は最初から一の場面だと思っている方がいますが、図読法ではそうではありません。

場面分けでは、教師がやってみてもバラバラになる場合があります。そこで数名で検討することが必要となります。多くて十の場面程度です。

この「出来事・事件」で分けていくと、十人の教師がやると、十パターンに分かれます。微妙に違うのです。

だから、数名で、サークル、あるいは同僚の先生方と一緒に検討することが必要です。

その上で、「自分はここだ」と思ったら、それで進めて構いません。

中には、正解が一つあるのではないかと思い込んでいる人がいますが、そんなことはありません。教師が一生懸命考えた場面分けであれば、それで授業してよいのです。

授業で場面分けする際は、子供に全てさせません。最初は、はっきり分かる場面を二つに分けさせて、達成感を持たせます。

基本的に場面分けは子供たちにさせると混乱します。

例えば、一から六の場面まであったとすると、一、二と、それから、五、六は、教師が示してやって、三と四だけを子供に渡して、「これをどこで分ければいいですか？」という形で授業する方がよいです。

しかも、それは明確に誰が見ても分かるような、二つの場面です。

そうすると、そこで子供たちを褒めることができます。

そうやって、場面分けの達成感を味わわせていきます。

「じゃあ、これ全部場面分けしてごらん」

なんてやってしまうと、もうその瞬間に終わりです。ここは十分気をつけてください。

ここまでがステップ1の指導です。これを具体的にやっていきます。

では、中身の解説です。

例えば、「ごんぎつね」というのは最初に作品の背景、ごんの人物像が書いてあります。

そのあとに、六つの場面に分かれるのです。

教科書の説明というところには、次のように書かれています。

「これは、私が小さいときに、村の茂平というおじいさんから聞いたお話です。昔は、私たちの村の近くの中山という所に、小さなお城があって、中山様というお殿様がおられたそうです。その中山から少し離れた山の中に、「ごんぎつね」というきつねがいました。ごんはひとりぼっちの小ぎつねで、シダのいっぱい茂った森の中に、穴を掘って住んでいました。そして、夜でも昼でもあたりの村へ出てきて、いたずらばかりしました。畑へ入って芋を掘り散らしたり、菜種がらの干してあるのへ火をつけたり、百姓家の裏手につるしてあるとんがらしをむしり取っていったり、いろんなことをしました。」

これは「ごんぎつね」の人物像の説明ということが分かります。

だから、これは一の場面に入れないわけです。このように考えます。

そうすると、ここには「ごんは、どんなきつねですか」ということで、一人ぼっちで、いたずらぎつね、というのが明確に書いてあるわけです。

次は「モチモチの木」です。

「モチモチの木」は最初と最後に説明があります。そのようなスタイルです。

最初に説明があり、ここに、豆太の人物像が四箇所、書いてあります。このような構造になっています。

次は、「はりねずみと金貨」という物語です。

違うところは、人物像ではなくて、場面設定が最初にくるところです。

場面設定というのは、「いつ」、「どこで」、「誰が」、「何を」、「どうしたのか」、ということです。

「いつ」というのが、「昔」。「どこで」というのが、「森の奥の草むら」。「誰が」というのが、「はりねずみ」。というように、設定がここでは書いてあるのです。

このように「人物像」が書いてあるものと、「設定」が書いてあるものに大きく分かれます。

次の「大造じいさんとガン」は教科書会社によって二パターンあるのです。これ、ご存じだったでしょうか。

一つの教科書会社は、最初から一の場面があります。

もう一つの教科書会社は、最初に「説明」がくるのです。

このように、教科書会社によって違うものもあります。

構造が大きく三つに分かれるということ。

このことをしっかり頭に入れておいてください。

では、次、いきます。

「ひょっとこ」はどうなっているか確認します。

これは、最初は説明です。48ページの最初から「説明」です。

では一の場面は49ページの8行目。「冬の間近なある日のことでした」。これが一の場面です。

次、二の場面です。51ページの1行目「ぼうよ」のところです。これが二の場面です。

次、三の場面は51ページ12行目です。「すきまだらけの小屋」。

四の場面は54ページの7行目です。「めずらしくいいお天気でした」。

五の場面は56ページの3行目です。「おじぞう様のお堂の前に」。

六の場面。57ページの8行目。「子どもはじっと考えていました」というところです。

七の場面。59ページの12行目。「幸助は、」というところです。

八の場面。60ページの4行目。「幸助は辺りを見回しました」です。

最後。最後は説明。「ようやく冬も過ぎて」60ページ11行目です。

これと全く同じ分け方だった方は一人もいないはずです。教師によって分け方が違うはずです。

これが前提です。

二番目にいきます。

3 図の作成と再話

場面ごとに登場人物の「言動」を図にします。まず、登場人物を書きます。中心人物の位置は右・左のどちらでもよいです。全てを取り上げる必要はありません。三、四名まで。

ここが一つ目です。

登場人物の「言動」だけを図に表していきます。だから支援を要する子も見つけることができるのです。ここで「気持ち」を扱うと、大混乱を起こします。「言動」は書いてあります。だからどの子もやれるのです。大事なポイントです。

次に、取り上げる「言動」をどれにするかです。どの語句を選択するかは教材研究に規定されます。要約文・モチーフ（中心題材）・主題との整合性を考えて決めます。

「言動」が長く書いてあったり、たくさんあったりした場合に、どの語句を選択するのかということが、教師の教材研究です。どれでもいいわけではないのです。

さらに、矢印が書けない場合があります。独り言など。その場合は、登場人物の下に位置付けます。登場人物が一人になる場合もあります。その場合は一人だけ書けばよいのです。

図が完成したら、必ず全員に「再話」させます。最初は教師がお手本を示します。文末は、「〜お話です」と言わせます。

支援を要する子供には指名して発表させ、心から褒めます。

「再話」がないのは図読法ではありません。これは極めて重要です。

「再話」を全員にさせない授業は、図読法とはいいません。

では、実際やってみます。

4 「モチモチの木」の三の場面

まず、登場人物に豆太とじさまがいます。三の場面を一回読んでみてください。ここが一番短い場面です。下の図の矢印のスタートが主語です。

こういう登場人物の関係を表す図は、すでにたくさん実践はあります。デジタル教科書にも入っています。

ところが図読法は何が違うかというと、番号が入っているところが決定的な違いなのです。

下図の①を見てください。豆太がじさまに、どんなことを「言った」か、「した」か、なのです。

では、三の場面の最初を見てください。

一つ目は

「じさまぁっ。」

と言っています。

二つ目は、

「むちゅうでじさまにしがみつこうとした」

と書いてあります。

この二つのどちらを選ぶかなのです。

ここが教材研究なのです。どちらでもいいわけではないのです。全部書くと長くなります。

だから、三の場面のあらすじを考えるときに、どの言葉が一番重要かを考えないといけないのです。ここで読解力が育成されます。

これが①に入ります。

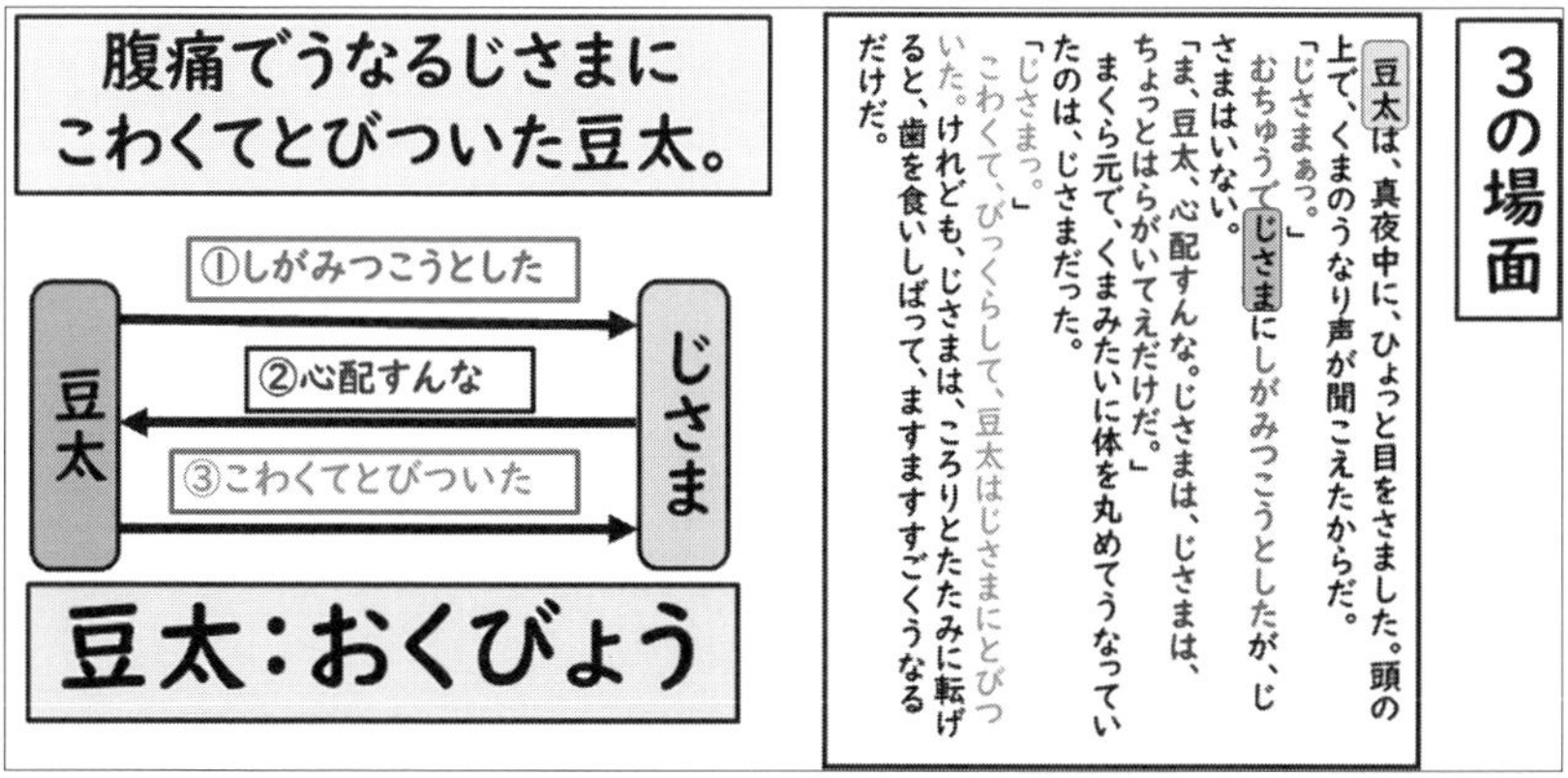
3の場面
豆太は、真夜中に、ひょっと目をさました。頭の上で、くまのうなり声が聞こえたからだ。
「じさまぁっ。」
むちゅうでじさまにしがみつこうとしたが、じさまはいない。
「ま、豆太、心配すんな。じさまは、じさまは、ちょっとはらがいてえだけだ。」
まくら元で、くまみたいに体を丸めてうなっていたのは、じさまだった。
「じさまっ。」
こわくて、びっくらして、豆太はじさまにとびついた。けれども、じさまは、ころりとたたみに転げると、歯を食いしばって、ますますすごくうなるだけだ。
腹痛でうなるじさまにこわくてとびついた豆太。
①しがみつこうとした
②心配すんな
③こわくてとびついた
豆太
じさま
豆太：おくびょう

②を見てください。

今度は、じさまが豆太にあることを「言った」か、「した」かです。

「ま、豆太、心配すんな。じさまは、じさまは、ちょっとはらがいてえだけだ。」

ものすごく長い文です。

この中のどの言葉を選ぶかということなのです。

③も同様です。

そして、私が選んだのが前ページの図です。このようになるわけです。私は、これらの言動が重要だと考えたわけです。

では、私が一回お手本を示します。「再話」です。①からいきます。

「豆太はじさまにしがみつこうとした。じさまは豆太に心配すんなと言った。豆太はじさまにこわくてとびついた。というお話です。」

と言わせるのです。

これだと、どの子もあらすじが言えるのです。

あらすじが言えるということは、読解力の基本がついているということです。

これを、全ての子供にさせるのです。

お隣同士で言い合ってもいいのです。

先生が言ったあと、同じようにさせます。全員にさせます。

全員立たせて、一回言ったら座らせます。

そして、お隣同士でさせると、こういう子がいます。

「豆太はしがみつこうとしたじさまに。」

日本語として変なのです。

だから、「豆太はじさまにしがみつこうとした」という真ん中の言動は文の終わりにもってこさせなければいけないのです。

そして、「というお話です」まで言わせるのです。

そうすると、完結します。

このことで初めて、自分はあらすじが分かったと喜ぶ子が学級にいっぱいでてくるわけです。

支援学級でやってみてください。みんなできますから。

次いきます。

5 「スイミー」の一の場面

スイミーの一の場面。下の図のようになります。

ここでは、何がポイントなのか。

一つずつやっていきます。

まず、「言動」が同時に起きる場合があります。

①を見てください。

まぐろがスイミーと魚たちにつっこんでくる場面なのです。だから両方に矢印が入って、両方に①が入っているのです。

次に、③・④を見てください。

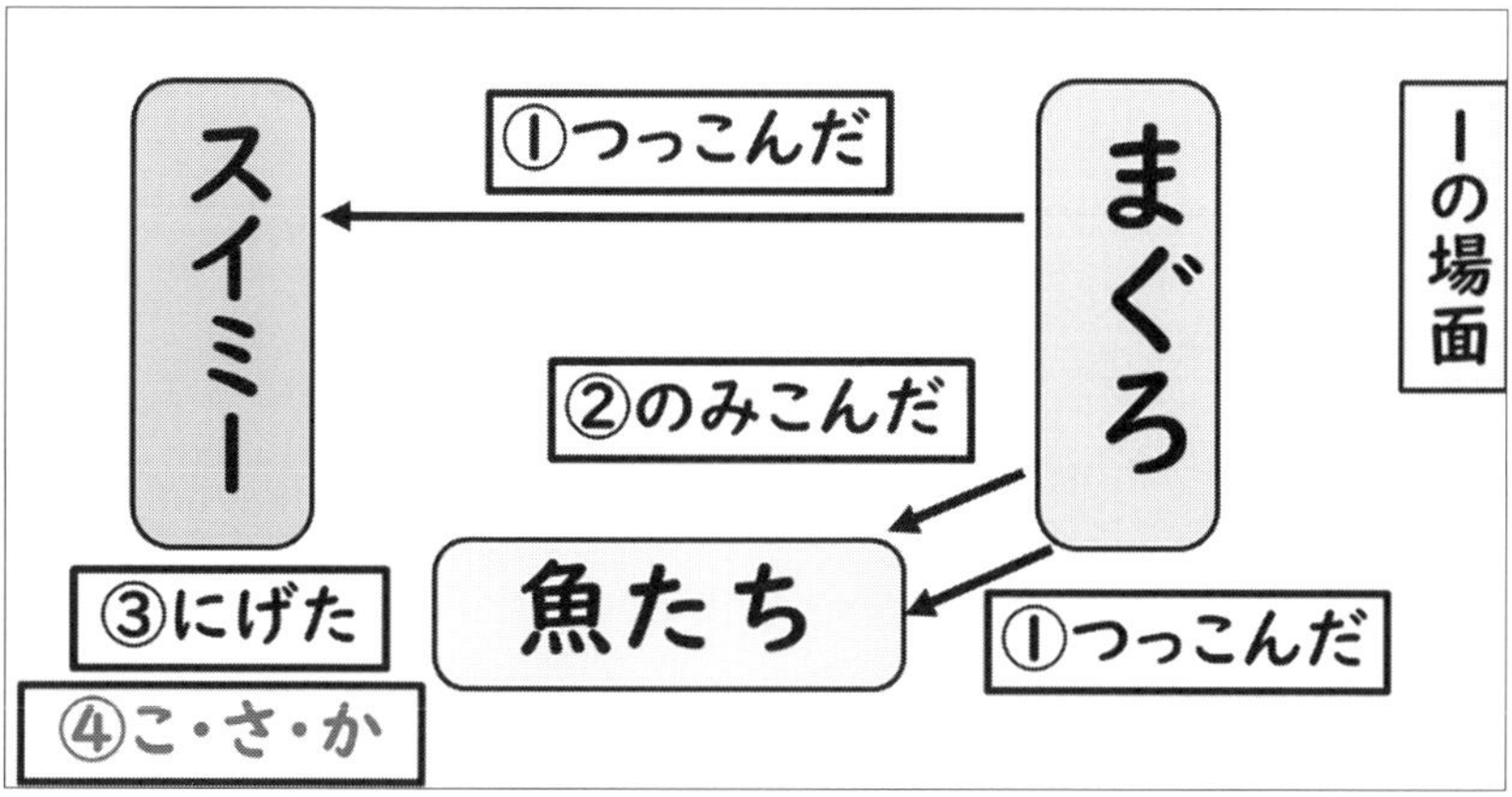
一の場面
まぐろ
①つっこんだ
スイミー
②のみこんだ
魚たち
①つっこんだ
③にげた
④こ・さ・か

矢印が書けない場合があります。

つまり、これはスイミーが自分で逃げたということだから、矢印を引くところがないのです。

それから、「こ・さ・か」です。

「言動」を省略させます。長い文ですが、重要な言動です。この、「こ・さ・か」というのは何かというと、「こわかった。さびしかった。とても、かなしかった」のことです。

これを「こ・さ・か」と入れたわけです。こういう工夫もできるのです。

では、「再話」をやってみます。

「まぐろがスイミーと魚たちにつっこんだ。まぐろは魚たちをのみこんだ。スイミーはにげた。スイミーは、こわかった。さびしかった。とても、かなしかった、というお話です。」

このようにすると完結します。

「言動」を省略させるというような工夫も必要だということです。

また、矢印にならない、ということもあるということです。

次いきます。

6 「ごんぎつね」の四の場面

次ページの図を見てください。ごんぎつねの、「ごん」と「兵十」の交流が全くないということがわかります。

矢印がないからです。一目瞭然で分かるわけです。

36ページの図を見てください。

六の場面です。

これは最後の場面です。ごんが銃で撃たれる場面です。

ここで初めて「ごん」と「兵十」の交流が起きるわけです。そうすると、この図を見ただけで、「ごん」と「兵十」がいかにすれ違っているかが、分かります。

「交流がない」「交流がある」ということが、矢印で表すことで一目瞭然、全部分かります。

さらに「はりねずみと金貨」という教材です。

この五の場面には「はりねずみ」しか出てきません。こういうときは、片方だけ書けばいいのです。

次いきます。

「スーホと白い馬」。

「スーホ」が亡くなる場面です。死んでしまいそうなところは少し薄く入れるという工夫ができるのです。

このような工夫を教師が楽しみながらできるのです。

ここまでのところがステップ２までのところです。

7 場面ごとの要約

①場面ごとに要約文を作成します。物語文の要約は、学習指導要領にも明記

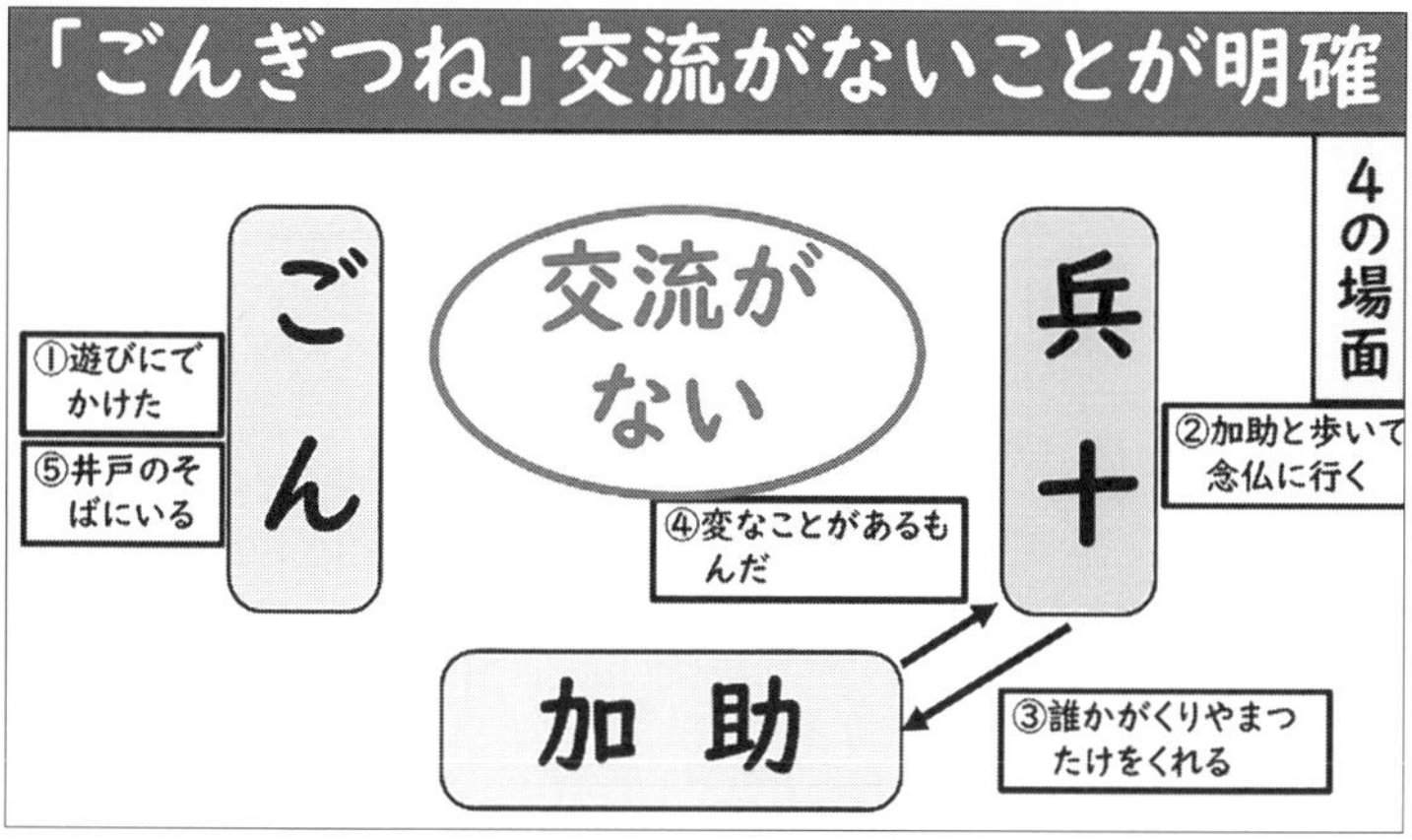

されています。

要約指導のポイントは、次のとおりです。

1　二十五字以内

2　文末は中心人物

3　図の中の言動を入れる

②要約の方法は三つあります。（8割はAで対応可能）

A　ポイントになる文（一～二文）をまとめる

B　ポイントになる文と別の重要語句を合わせてまとめる

C　重要な語句三つを探してまとめる

③最初の指導は、穴埋め式で重要語句を見つけさせます。高学年になると、

1　ポイントになる文を見つける

2　二十五字以内に要約させる

3　板書させ10点満点で評定する

を目指します。

左は学習指導要領を記したものです。

「なお、この指導事項で示す内容は、文学的な文章においてあらすじを捉える際などにも必要となる『思考力、判断力、表現力等』である。」

このように書いてあります。だから、文学教材でも「要約」をやりなさい、と書いてあるわけです。

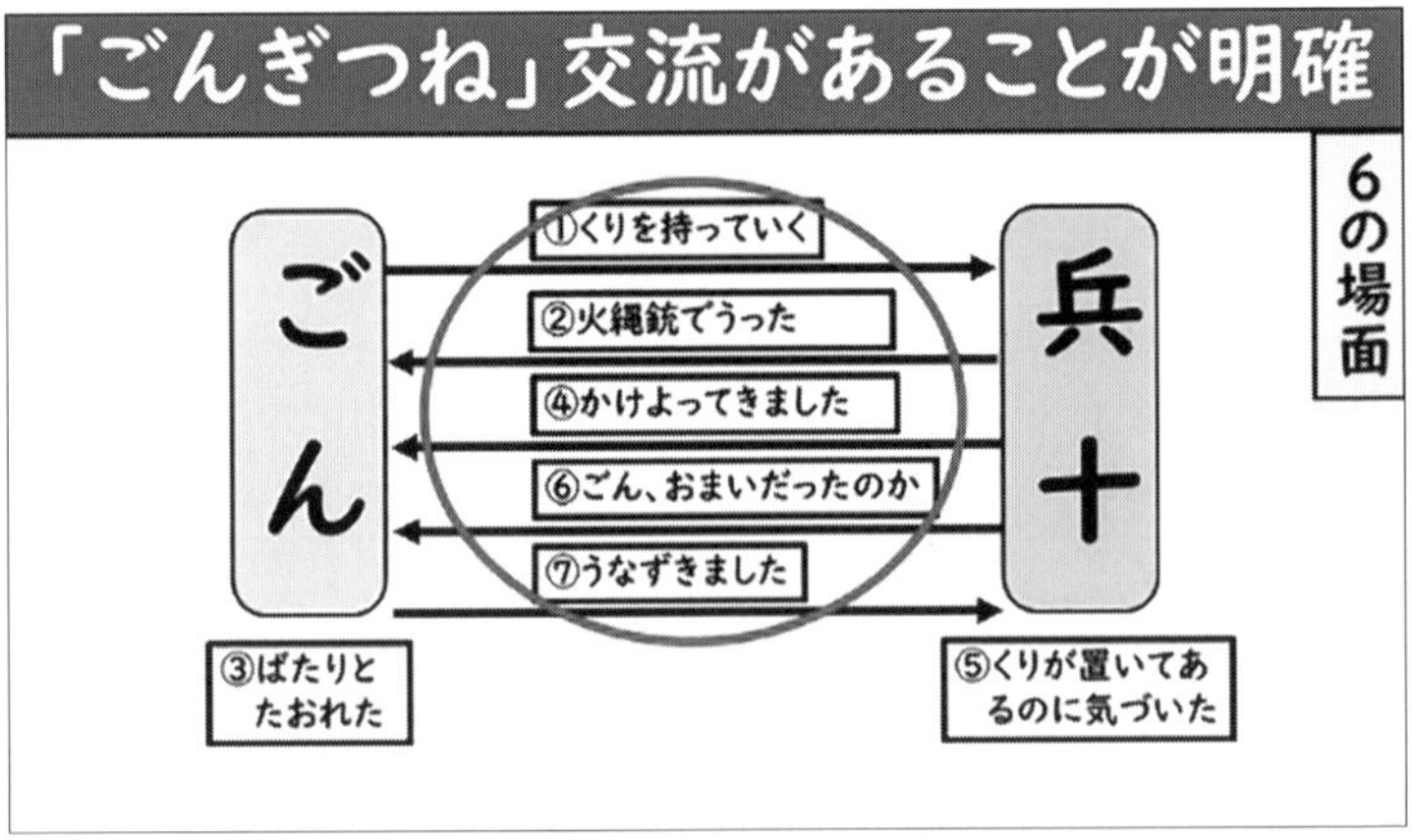

「ごんぎつね」交流があることが明確
6の場面
ごん
兵十
①くりを持っていく
②火縄銃でうった
④かけよってきました
⑥ごん、おまいだったのか
⑦うなずきました
③ばたりとたおれた
⑤くりが置いてあるのに気づいた

また、学習指導要領には要約の定義があります。

「要約するとは、文章全体の内容を正確に把握した上で、元の文章の構成や表現をそのまま生かしたり自分の言葉を用いたりして、文章の内容を短くまとめることである。文章の内容を端的に説明するといった要約する目的を意識して、内容の中心となる語や文を選んで、要約の分量などを考えて要約することが重要である。」

「中心となる語や文」があります、ということなのです。

「要約の分量」というのが「二十五字」ということなのです。

ですから、学習指導要領でも向山洋一氏の要約指導が、位置付いているということなのです。

しかも、これまでの要約は、基本的に説明文だけだったのです。

ところが、ここでは、文学的な文章においても、あらすじを捉える際などに使えると書いてあるわけです。

ですから、この図読法でやっていることは、学習指導要領に基づいてるということです。

8 「スイミー」の一の場面の要約

次ページの図の要約のところを読んでみてください。私が二十三字でまとめました。これを今から変えていきます。

「飲み込まれた」という言葉がこの図読法の言動の中に入っている方がよいのです。

図の中に「②飲み込んだ」という言葉があります。「飲み込まれた」、つまり、これを受け身にしているわけです。このことが一つあります。

また、図の中の丸番号にはない言葉が要約に入っています。

「助かった」です。

上の要約には「助かった」と私は入れました。

ところが、下にはその言葉がないのです。

でも、似た意味の言葉があります。

「③にげた」です。

「にげた」という言葉を、私は「助かった」という言葉に言い換えて使ったわけです。

これよりも、今だったらもっと変えるなと思ったのがこうです。

この「にげた」を生かす。

この言動の中にあるポイントになる言葉が、やはり要約の中に入った方が子供には分かりやすいわけです。

私はこのように要約しました。

「まぐろに仲間を飲み込まれたが、にげて助かったスイミー」

これで、二十五字です。

では、次見ていきます。

9 「大造じいさんとガン」第一場面の要約

ポイントになる一文を示します。

「一羽だけであったが、生きているガンがうまく手に入ったので、じいさんはうれしく思いました。」

この一文とは別の、重要なキーワードが一つあるのです。

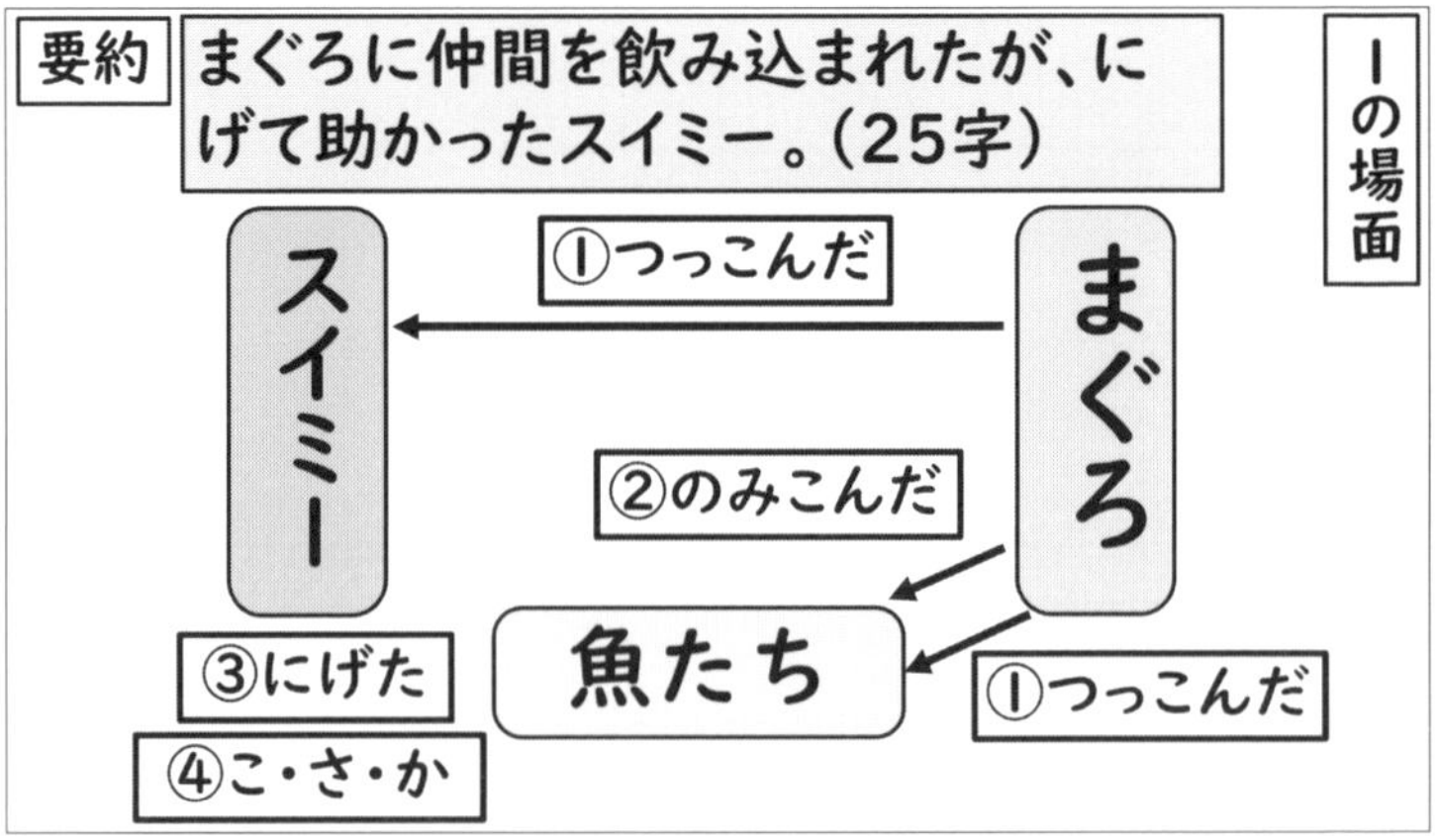

「特別な方法」です。

これをくっつけて二十五字で要約するわけです。「一羽だけであったが、生きているガンがうまく手に入ったので、じいさんはうれしく思いました。」プラス「特別な方法」です。

これだと三十字です。

下の図の四角に何が入るか。挑戦してみてください。

「特別な方法で一羽のガンが手に入り、うれしく思った大造じいさん」

普通の授業だと、これでまとめてしまうのです。

このようにまとめると駄目なのです。他の言葉に言い換える力をつけなくてはいけません。ここからが重要です。

二十五字にするにはどうするか。

二十五字にするには、「うれしく思った」を二文字にしなくてはいけません。

正解は「喜ぶ」です。

「特別な方法で一羽のガンが手に入って喜ぶ大造じいさん」

これだとぴったり二十五字になるわけです。

つまり、この過程が重要なのです。二十五字に入れるという過程です。

実際の向山氏の授業場面、映像全集に非常に貴重な場面があります。

二十五字で板書させるわけです。

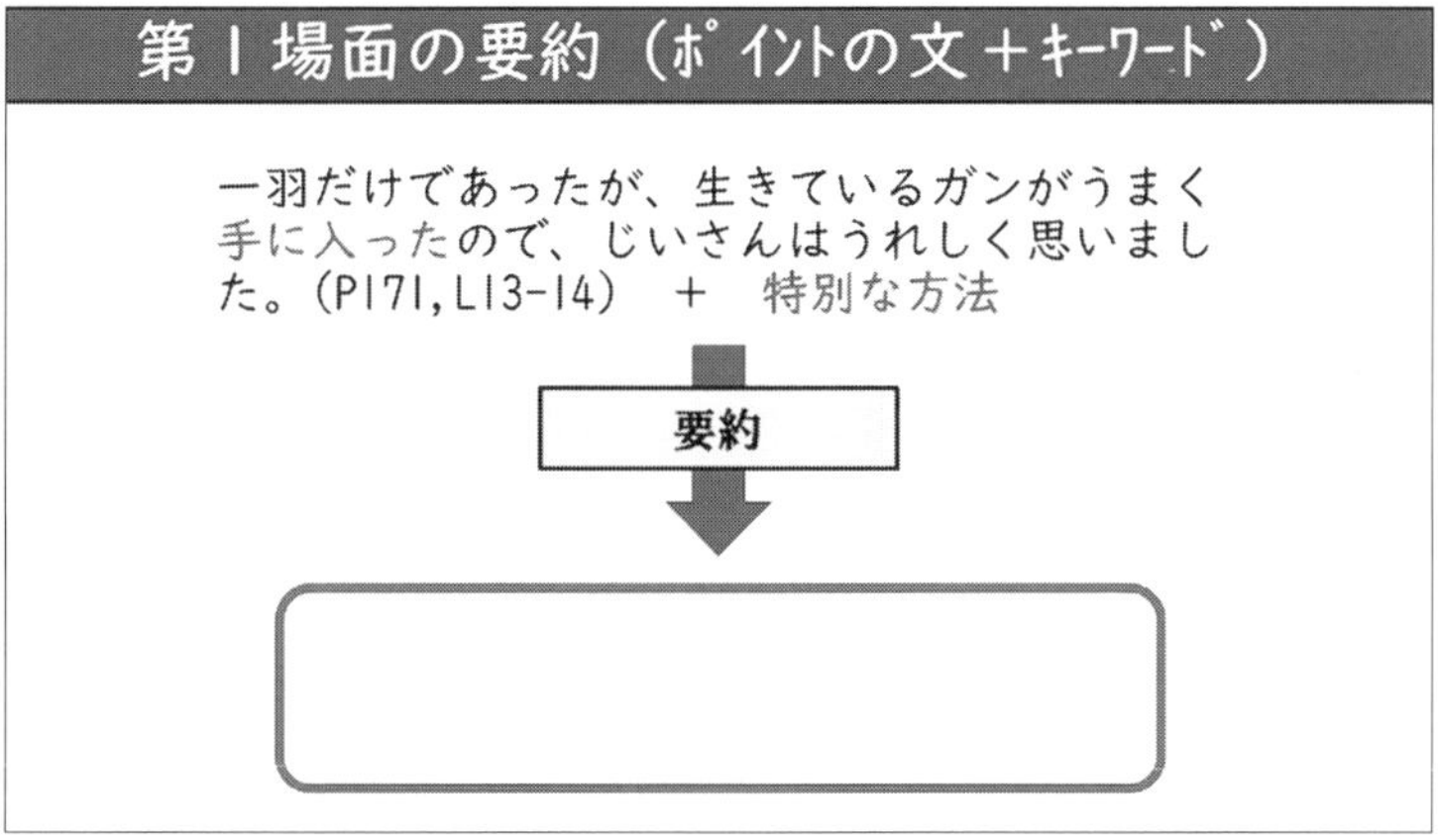
第１場面の要約（ポイントの文＋キーワード）
一羽だけであったが、生きているガンがうまく手に入ったので、じいさんはうれしく思いました。(P171,L13-14)　＋　特別な方法
要約

〜映像全集ここから〜

向山先生：はい、じゃ、戻ってください。はい、もう大丈夫です。

（児童一名が板書中）

向山先生：前にたくさんの人たちに書いてもらいました。もう一度言います。

正しい答えなら、ほとんど同じようになる。

向山先生：はい、斎藤さんから。

（斉藤さん：書いたものを読み上げる）

向山先生：はい、次。

〜映像全集ここまで〜

正しい要約文なら全員がほとんど同じになる。

なぜかというと、ポイントになる一文を変更して作るからです。

では、次の場面です。

ポイントになる一文を要約するところです。

〜映像全集ここから〜

向山先生：ここの段落は最後の二行。最後の二行です。

最後の二行。

向山先生：18ページの最初の二行。五段落の最後の二行。つまり、この段落全部のポイントはこの二行なのですね。この二行に注目してこれをまとめた答えが本文にあります。

第１場面の要約（ポイントの文＋キーワード）

一羽だけであったが、生きているガンがうまく手に入ったので、じいさんはうれしく思いました。(P171, L13-14)　＋　特別な方法

↓

25字で要約

↓

特別な方法で一羽のガンが手に入って喜ぶ大造じいさん（２５字）

ポイントになる文を見つけて、それを二十五字以内に要約する。

これが要約のやり方です。

次の場面で、これを実際に二十五字に添削する、非常に貴重な場面です。

向山先生：字数大きくなるよな。そう、いったんここまで書くわけだ。書いてごらん。みんな。

まず、それぞれの要約の上に評定した点数が書いてあります。

7点、7点、7点。0点もあります。これは日本語としておかしいところが0点となってくるのです。

全国学調も記述問題のところ、つまり、きちんと書いていないと全部0点なのです。

「書き抜きましょう問題」も一文字でも違っていたら0点です。

そういうことを日常的に指導してあるのです。

ところが、多くの若い先生はここで部分点をつけます。

「惜しい」

とか言って。

それが子供の力になっていかないわけです。

では、続きです。

向山先生が二十五字にまとめるところです。

向山先生：いいこと気が付いた。これが正解なのです。「熱心に仕事に励んでいる…我が息子も同じ血が流れていることを知ったんです。…。」先生が言った二十五文字にあてはまらない。そのとおり。これを二十五文字にしないといけない。

（児童は二十五文字に要約する作業中）

向山先生：これ時間があればゆっくりやってもらうのだけど。（板書の「励んでいる」を指さす）
　　はい。この人、前に来て。励んでいるを、励むにしたい。これで何文字になる？
　　一、二、三、四、五、六、七、八、九、十…三十一文字になる。
「励んでいる」を、「励む」に短くしたわけです。

今、一回。これで三十一です。

次です。

向山先生：こんな程度では追いつけない。どばっと切っちゃう。「熱心に仕事をするぐらい、する。」（この部分を消す）

向山先生：これでどばっと短くなる。一、二、三、四、五、六、七、八、九、十、十一、…二十八、二十九文字。これも切っちゃう。「やん」にする。「父親」だからこれ（「親」）も切っちゃう。

　「熱心に仕事するやんに陶工の血が流れることを知った父」。一、二、三、四、五、六、七、二十五。二十五（文字）。

　　ぴったり。さすが。

と、いうようになっていくのです。

この場面、数える時のチョークの音も重要なのです。この音が重要なのです。

向山先生：一、二、三、四、五…二十。

　ここの音です。

このようにして二十五に切っていく場面を実際に見せてあげるということなのです。

～映像全集ここまで～

　それでは最後。

10 構造の検討

①場面ごとの一覧にした構造図を作成する。優れた資料、教材、指導法に共通することは「シンプル」（美）であること。教材研究・厳選された言葉・フォント・色調等から生み出される、ノイズがないこと。

②まず、起承転結に分ける。低学年は指導しなくてよい。中学年は、クライマックス場面（「転」）を探す学習でよい。高学年は実態による。

③次に、モチーフ（中心題材）を検討する。要約文一覧から作品全体を貫く「事柄」を考えさせる。要約文の中には直接はない。

④そして、主題を検討させる。Google Scholarの活用。学会誌まで調べ尽くす。指導の目安は以下のとおり。

低学年：「（作品名）はどんなお話でしたか」

中学年：「（作品名）の伝えたいことはAですか、Bですか」

高学年：「（人間とは、世の中は）という書き出しで、一文で書きなさい」

というようにまとめました。

これだと、相当すっきりすると思います。

もちろん、中学年・高学年で子供たちの鍛え方によっては、中学年であっても高学年のレベルまでいくことができると思います。

では、具体的に見てみます。

11 構造図の一覧

見た瞬間にずれがありません。私は一ミリでも二ミリでもずれているコンテンツを見ると、もう、そこで駄目になります。

つまり、そういうコンテンツには、どこかに隙があるということです。

それから、色。私の色使いは非常に薄いのです。淡いのです。

子供たちが、余計なところを見ないでもいいように。淡いか、優しい感じで作っています。

こういうところの一ミリのずれも絶対に許さないという気持ちでコンテンツを作ります。特に支援学級の子供たちに授業するときには。そのずれの部分で授業がずれていくのです。子供はそこが気になるからです。

ですから、コンテンツというのは極めて重要です。

教材を作ったプリントに、誤字が一箇所あるのと同じと思えばいいです。コンテンツのずれというのはそれくらい、意識を注ぐわけです。

12 クライマックスの問い方

起承転結というのは非常に難しい概念です。

起承転結の「起」は「始まる」、「承」は「受け継ぐ」、「転」は「あれっ」、「結」は「なるほど」。

「結」がない物語も当然あります。

通常の学級で「あれっ」は、基本的には「転」でいいのです。「転」にクライマックスが入っています。

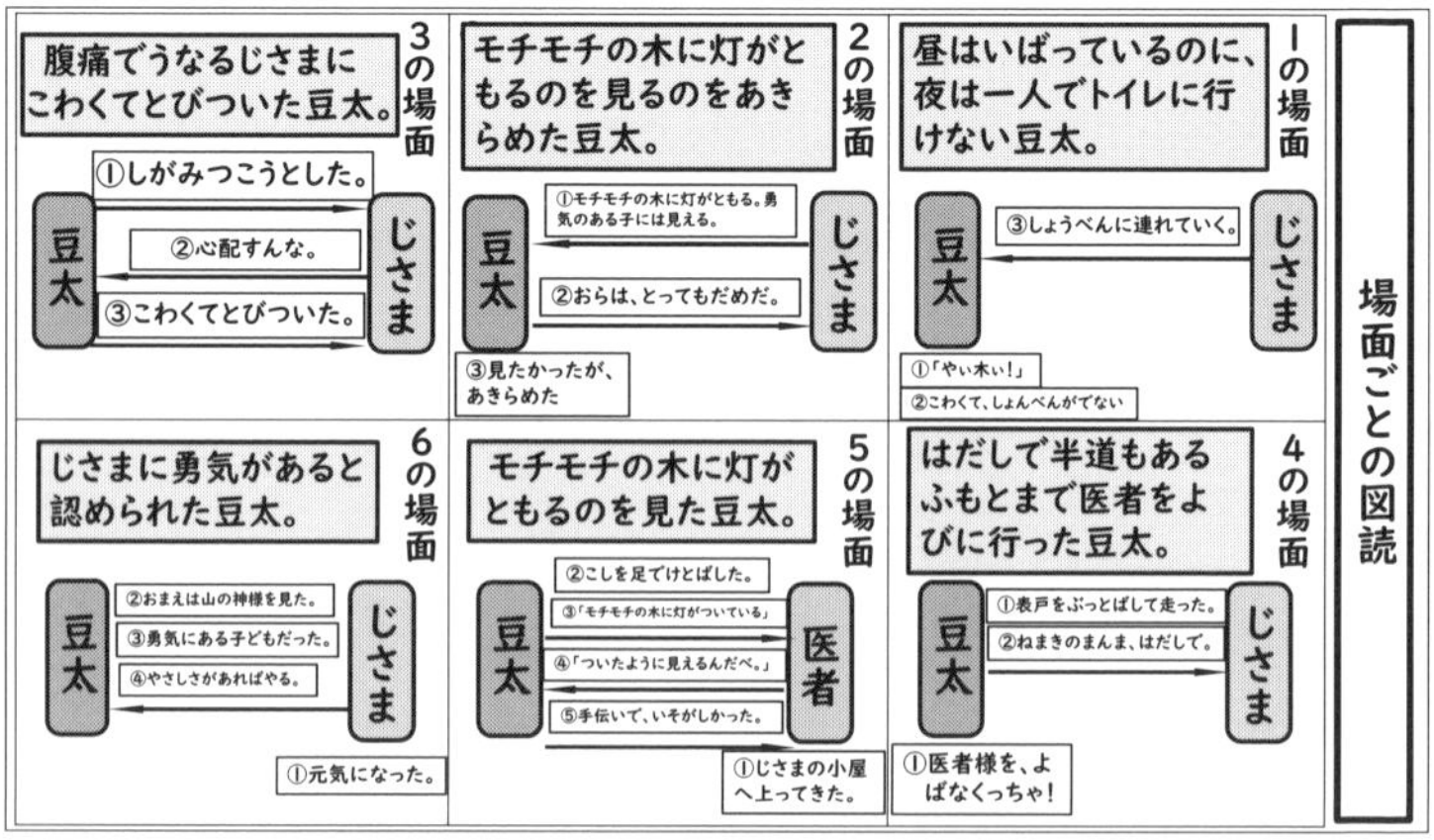
場面ごとの図読
1の場面
昼はいばっているのに、夜は一人でトイレに行けない豆太。
豆太
じさま
③しょうべんに連れていく。
①「やい木ぃ!」
②こわくて、しょんべんがでない
2の場面
モチモチの木に灯がともるのを見るのをあきらめた豆太。
豆太
じさま
①モチモチの木に灯がともる。勇気のある子には見える。
②おらは、とってもだめだ。
③見たかったが、あきらめた
3の場面
腹痛でうなるじさまにこわくてとびついた豆太。
豆太
じさま
①しがみつこうとした。
②心配すんな。
③こわくてとびついた。
4の場面
はだしで半道もあるふもとまで医者をよびに行った豆太。
豆太
じさま
①表戸をぶっとばして走った。
②ねまきのまんま、はだしで。
①医者様を、よばなくっちゃ!
5の場面
モチモチの木に灯がともるのを見た豆太。
豆太
医者
②こしを足でけとばした。
③「モチモチの木に灯がついている」
④「ついたように見えるんだべ。」
⑤手伝いで、いそがしかった。
①じさまの小屋へ上ってきた。
6の場面
じさまに勇気があると認められた豆太。
豆太
じさま
②おまえは山の神様を見た。
③勇気にある子どもだった。
④やさしさがあればやる。
①元気になった。

「転」を問うところです。

「クライマックスとは、中心人物の考え方がそれまでとはガラッと変わる一文」のことです。

授業をすると、子供の意見は二つか三つに分かれるのです。

そして、そこからがアクティブラーニングです。根拠をもとに話し合いをさせるという授業に入っていけばいいわけです。

次は、発問で問うやり方です。

先ほどは、起承転結の「転」はどこですか、という形で問うやり方でした。

今度は、発問で問うやり方です。下の図です。

「モチモチの木の見え方がガラッと変わったのは、何場面ですか」

という問い方もできるということです。

そして、話し合いをさせると、おおよそ、次の一文、

「モチモチの木に灯がついている！」

に子供たちの意見は集約していきます。

ここもアクティブラーニングができます。

低学年の主題はどうなるか。

「スイミーはどんなお話ですか」

と問うと、子供たちは
「スイミーが、大きな魚を追い出した話です」

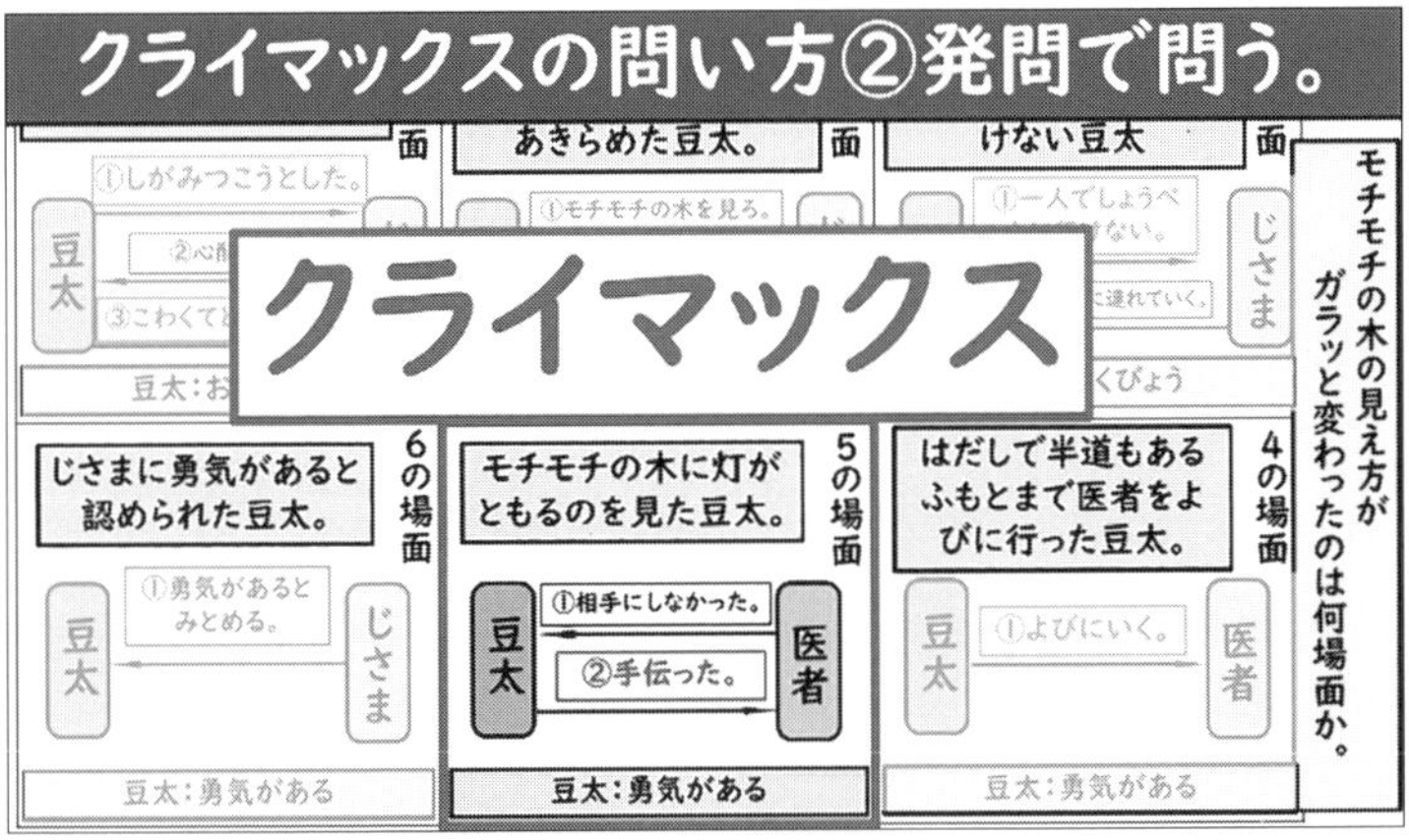
クライマックスの問い方②発問で問う。
モチモチの木の見え方がガラッと変わったのは何場面か。
クライマックス
あきらめた豆太。
けない豆太
4の場面
はだしで半道もあるふもとまで医者をよびに行った豆太。
豆太
医者
①よびにいく。
豆太：勇気がある
5の場面
モチモチの木に灯がともるのを見た豆太。
豆太
医者
①相手にしなかった。
②手伝った。
豆太：勇気がある
6の場面
じさまに勇気があると認められた豆太。
豆太
じさま
①勇気があるとみとめる。
豆太：勇気がある

と言います。

これは駄目です。「きょうりょく」という言葉を出させないといけない。

「協力して追い出した」

この部分が主題に繋がります。

だから、ここは教師が枠を作ってあげるというような形で、提示してあげなくてはいけません。

13 モチーフ（中心題材）

さらに、中心題材は、要約をずらっと並べて、全ての場面で貫かれる「共通する事柄」で見つけていくわけです。

下の図は「ごんぎつね」です。

一番多いのが「つぐない」。「いたずら」に対する「つぐない」ですから一貫してます。

ですから、ここは「つぐない」が中心題材になってくるのです。

さらに、

「つぐないを通して、何を伝えたかったのですか」

ということが主題の考え方になってくるわけです。

ここは、中学年は、やる必要がない感じが、私はします。

次は「大造じいさんとガン」です。

中心題材は何ですか。（中学年）

①場面：兵十が捕った獲物をいたずらで逃がしたごん。
②場面：兵十の母の死を知り、いらずらを後悔したごん。
③場面：兵十へのつぐないが失敗し後悔したごん。
④場面：兵十へのつぐないが伝わっていなかったごん。
⑤場面：つぐないを神様の仕業と聞き報われないごん。
⑥場面：ごんを銃でうった後つぐないに気づいた兵十。

全ての場面が「戦い」という事柄で共通しています。

「大造じいさんと残雪」

「残雪とハヤブサ」

いずれにしても、全部「戦い」で貫かれている。その貫かれている事柄のことを「モチーフ」というわけです。

14 主題

次は、「モチモチの木」でやった主題を問う発問です。

「モチモチの木の主題は『成長』と『勇気』のどちらですか」

中学年の場合は、このように選択肢でやるとわかりやすいと思います。

この主題を見つける方法は、Google Scholarを使います。

「モチモチの木（スペース）主題」と検索する。Google Scholarは付属の研究物や、大学のあるいは学会の論文しかヒットしません。

ポイントはどこかというと、ＰＤＦというところが右側に二箇所出てきます。ＰＤＦと書いてある論文は無料でダウンロードできるのです。これをダウンロードして全部読むこと。これ絶対です。全部読んでください。

そうすると、次のように分かれています。

「成長」「勇気」。

つまり、研究者でも、主題が分かれているということが、これで分かります。

だからこの発問は、いい発問だということがいえるわけです。

主体的・対話的で深い学びには、探究的な活動が不可欠です。

このことを、村瀬先生が外国の論文で全部調べてくださいました。

日本の特別支援教育の中で子供たちの読解力を研究している例は、まだほとんどありません。日本は、まだ対応に追われているのです。

ところが、欧米では、一九八五年からすでに、論文として、支援を要する子たちの読解力の研究が始まっています。約三十五年前です。その研究を集め、評価したものをレビュー論文といいます。

そして、多くの研究の中で共通している効果のあること。そのベスト3が次のとおりです。

1位…場面の再記述

これが、いわゆる再話の場面です。

統計的に0・8以上が有意に効果的な指導法だということなのです。

だから、この3・65というのは驚異的な数字なのです。

ですから、再話をさせない授業は図読法ではない、と言ったのはこのことです。

2位…要約指導

これが二十五字以内の要約です。

3位…テキスト構造の読み

これが、一覧表から主題にもっていくところです。

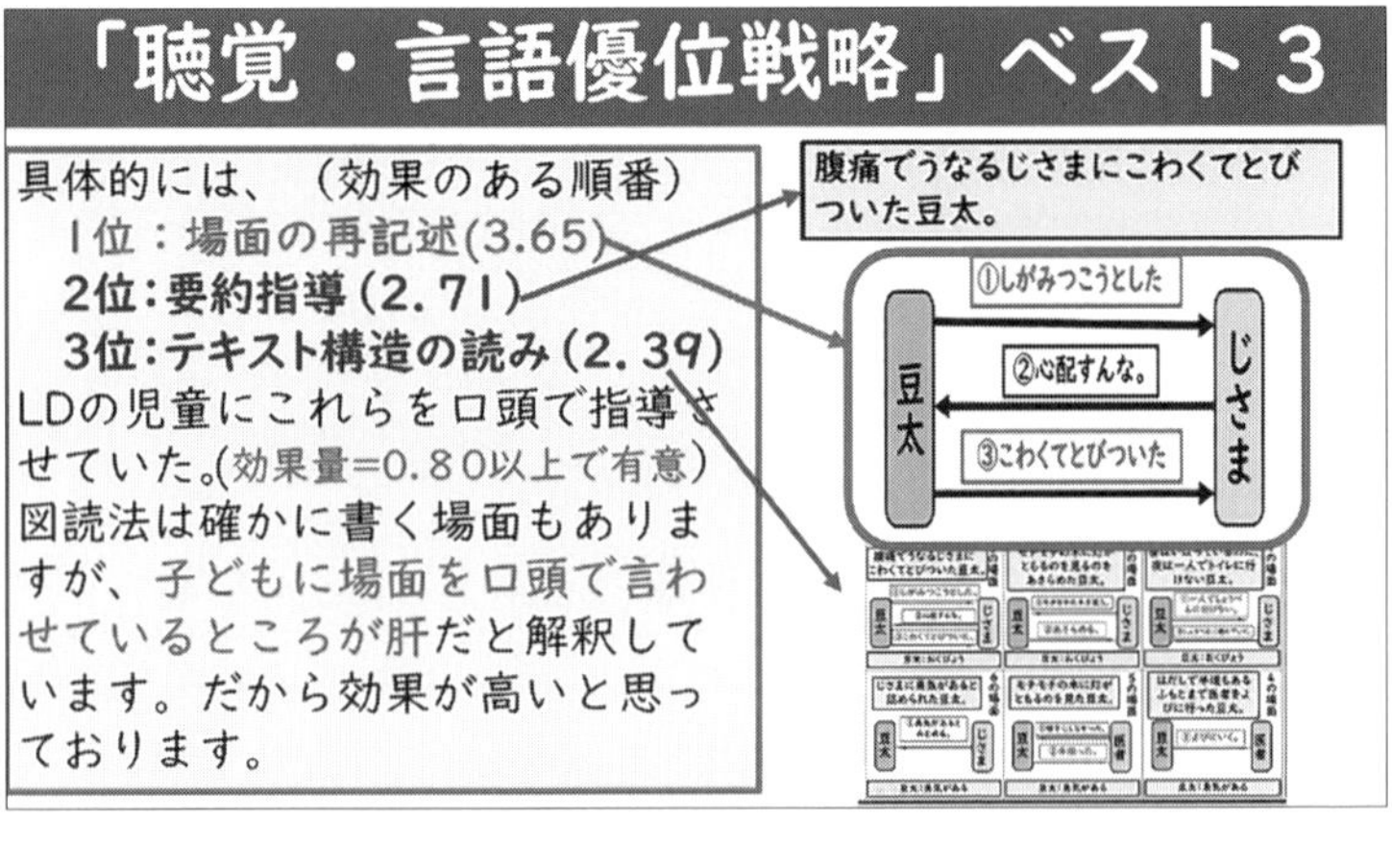
「聴覚・言語優位戦略」ベスト３
具体的には、（効果のある順番）
1位：場面の再記述(3.65)
2位：要約指導（2.71）
3位：テキスト構造の読み（2.39）
LDの児童にこれらを口頭で指導させていた。(効果量=0.80以上で有意)
図読法は確かに書く場面もありますが、子どもに場面を口頭で言わせているところが肝だと解釈しています。だから効果が高いと思っております。
腹痛でうなるじさまにこわくてとびついた豆太。
①しがみつこうとした
②心配すんな。
③こわくてとびついた
豆太
じさま

偶然、私の考案した図読法の基本的な三つの流れが、世界中の支援を要する子供たちの読解力指導の効果のあるベスト3に、全部あてはまっていたという事実なのです。

だから支援学級の子供たちが、この指導法で伸びていっているのです。

これからの特別支援教育は、図読法抜きには語れないと、私は思っています。

16 「気持ち・心情」の扱い方

図読法は、登場人物の気持ちは基本的に扱いません。

そこを現場では批判されるわけです。

今回はその「気持ち」の扱い方を紹介します。

「『気持ち』とは、ある行動をし、ある認識をしたがゆえに持つものである。だから、『大造じいさんの気持ち』を知るということは、大造じいさんの行動・認識を知ることにおいてのみ学習可能なのである。」

というように宇佐美先生はおっしゃられました。

分かりにくい方もいらっしゃると思います。

また、以下のようにもおっしゃられています。大事なところだけ抜き出します。

「気持ちが生ずるのは、あることを知覚、五感によって、見るとか聞くとか。あることを知覚することにより、その自分がある事実を認識したからである。

「気持ち」を問う前提とは何か？

「気持ち」などというものを（直接）考えることはできない。（ところが、それを直接的に問う授業が多い。）ある「気持ち」が生ずるのは（どうしてかよく考えてみよう。それはあることを「知覚」することにより）その人物がある事実を認識したからである。（その認識から「気持ち」が生ずるのであるから「気持ち」を考える前提としてその知覚内容や認識を吟味する必要がある。このように「気持ち」というものが生ずる因果関係に基づいた方法論を持ち「気持ち」を考えるべきである。）

気持ちを考える前提としてその近く内容や認識を吟味する必要がある。」

ここを授業しなさいと言われているのです。

非常に驚いたことがありました。オリンピックで、です。

インタビュアーが決勝を終えて今の気持ちは、と聞いたのです。

これはまさしく気持ちを問うているわけです。

すると、何と答えたかというと、

「言葉に表すのは難しいです。」

と言ったのです。

つまり、基本的に気持ちというのは言葉にできないものなのです。

このことを、しっかりと理解していない人たちが、授業の中で気持ちをたくさん聞いているわけです。

「気持ち」というのは、楽しい中に、苦しさがあったり、苦しい中に、うれしさがあったり、と複雑なのです。

だから、一言で表すことができないのが「気持ち」なのです。

次に、人間の認識過程というのは、まず五感を通して何かを「知覚」します。

そして、「知覚」した内容が分かります。

そこで初めて「気持ち」が生じるのです。

そして、それが「言動」として表れます。

この順番なのです。

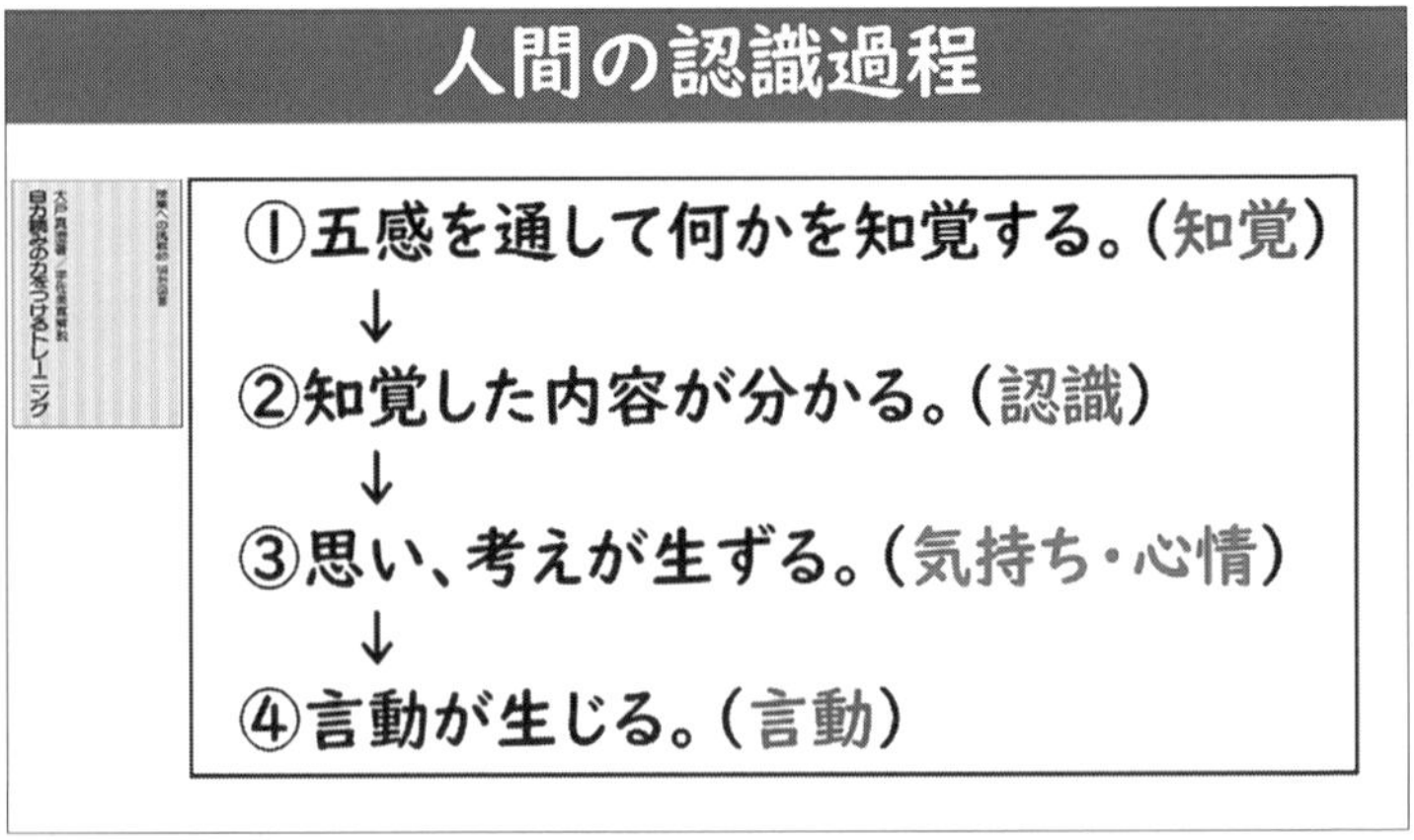
人間の認識過程
①五感を通して何かを知覚する。（知覚）
↓
②知覚した内容が分かる。（認識）
↓
③思い、考えが生ずる。（気持ち・心情）
↓
④言動が生じる。（言動）

例えば、オリンピックの橋本大輝選手。個人総合で素晴らしい演技をしました。

これを我々は「知覚」します。

そして、表彰台で金メダルを持っている姿を見たことで、優勝したということを「認識」します。

そして、すごいなあ、というように「思い」ます。「気持ち」が生じるのです。

オリンピックのこの場面を見たときに、何か行動しませんでしたか。叫んだとか何か言ったとか。きっと「よっしゃー」と言った人もいることでしょう。

それが「言動」なのです。

このように考えて、これを四つの表に分けて、教科書をまとめてみるわけです。

知覚、認識、気持ち、言動というように。

下の図は「大造じいさんとガン」の一部の場面を入れました。

四角枠のところがあるのが分かるでしょうか。ここは隠しているのではありません。

教科書には何も書いてないのです。つまり、教科書には全てのことを書くことはできないのです。

道徳も同じです。

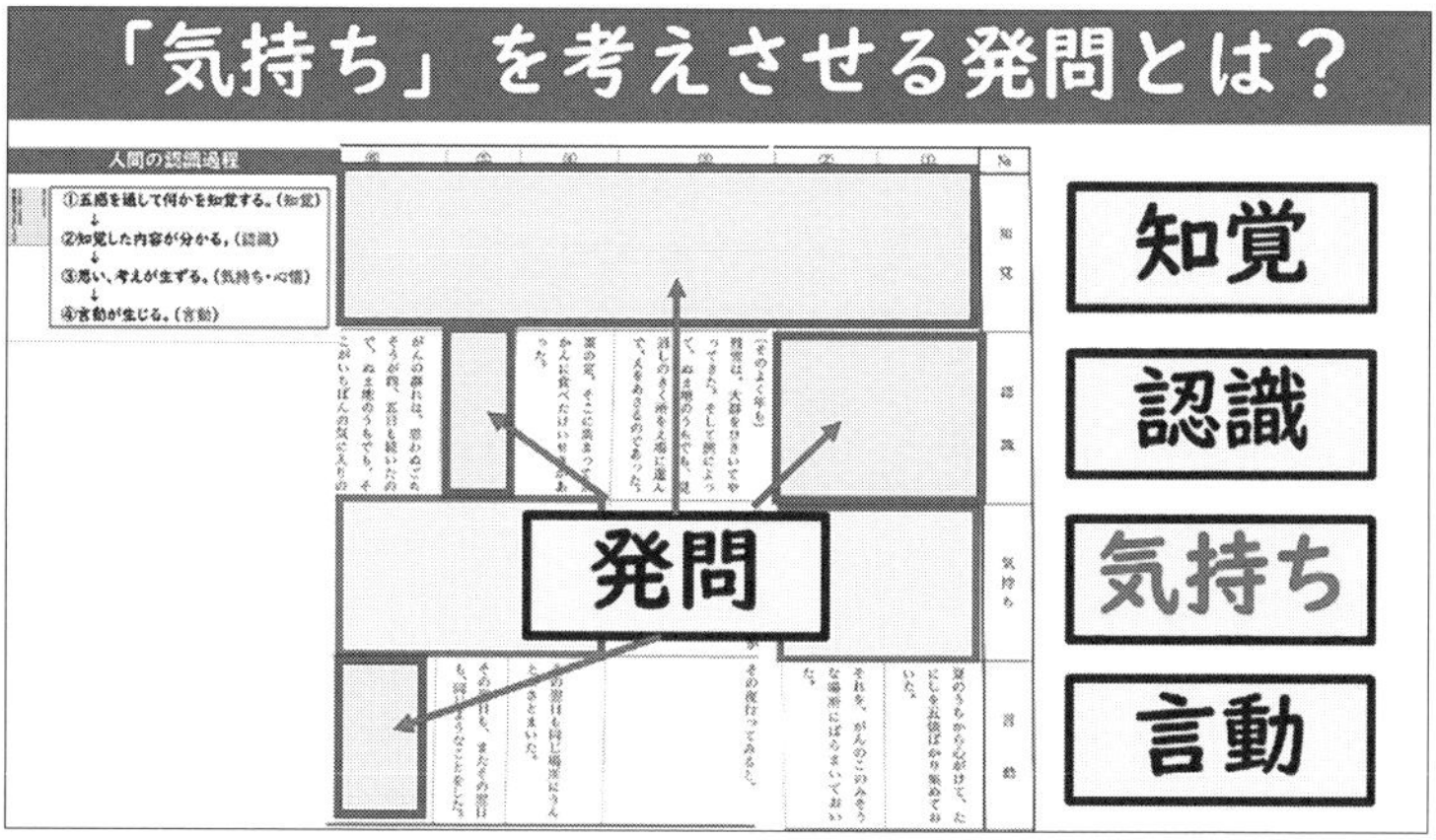

価値判断をするのに情報が足りないということが多く出てくるのです。

そこで、この間を私たちは埋めなければいけません。

さっきの四つの、知覚、認識、気持ち、言動の整合性で埋めていくのです。

例えば、金メダルだと分かった時に、残念ということはあり得ません。

というように、整合的に見るのです。

以下、四つありますが、このようなことをやりながら、この表を埋めていく作業を教師がやってみるのです。

気持ちを直接問わずに、知覚のところを問う。認識を問う、言動を問う発問をすることで、おのずと気持ちの部分に迫ることができるのです。

このことを宇佐美先生は、ずっとおっしゃっていたのです。

図読はどこになるかというと、「言動」なのです。

図読法では矢印には言動しか書きません。ですから、この言動の部分から、気持ちに迫ることができるということなのです。

もう一つ見ます。

もう一つは、「知覚」の部分です。

これは「『見え』を問う」という言い方が一番分かりやすいです。

「何が見えていますか」

ということです。

そして、これを全ての場面でやってしまうと混乱するので、いわゆる「心情」を問いたいメインになる場面、そこの図読の時だけ

「中心人物に見えたものは何ですか」

というように発問を付け加えていけばいいのです。

そうすると「見え」を図の中に入れることができます。

私はまだこの授業をやっていませんから、是非チャレンジしてみてください。

例えば、「大造じいさんとガン」で考えます。

七の場面、心情を考えるところがあります。残雪とハヤブサが闘い、残雪は落ちてきた。そこに大造じいさんが近づいていく場面です。クライマックスのところです。

この時に、大造じいさんの言動を見てください。何番の言動を取り上げると心情に近づくでしょうか。

おそらく、

「⑦強く心を打たれた」

が多くなるのではないかと思います。

でも、ここは

「①かけつけた」

「⑤手をのばした」

のどちらかです。どちらの言動から心情に迫ることができるのか。

これは、両方迫ることができるのです。

ここでは、「かけつけた」ではなく、「手をのばした」を取り上げてみます。

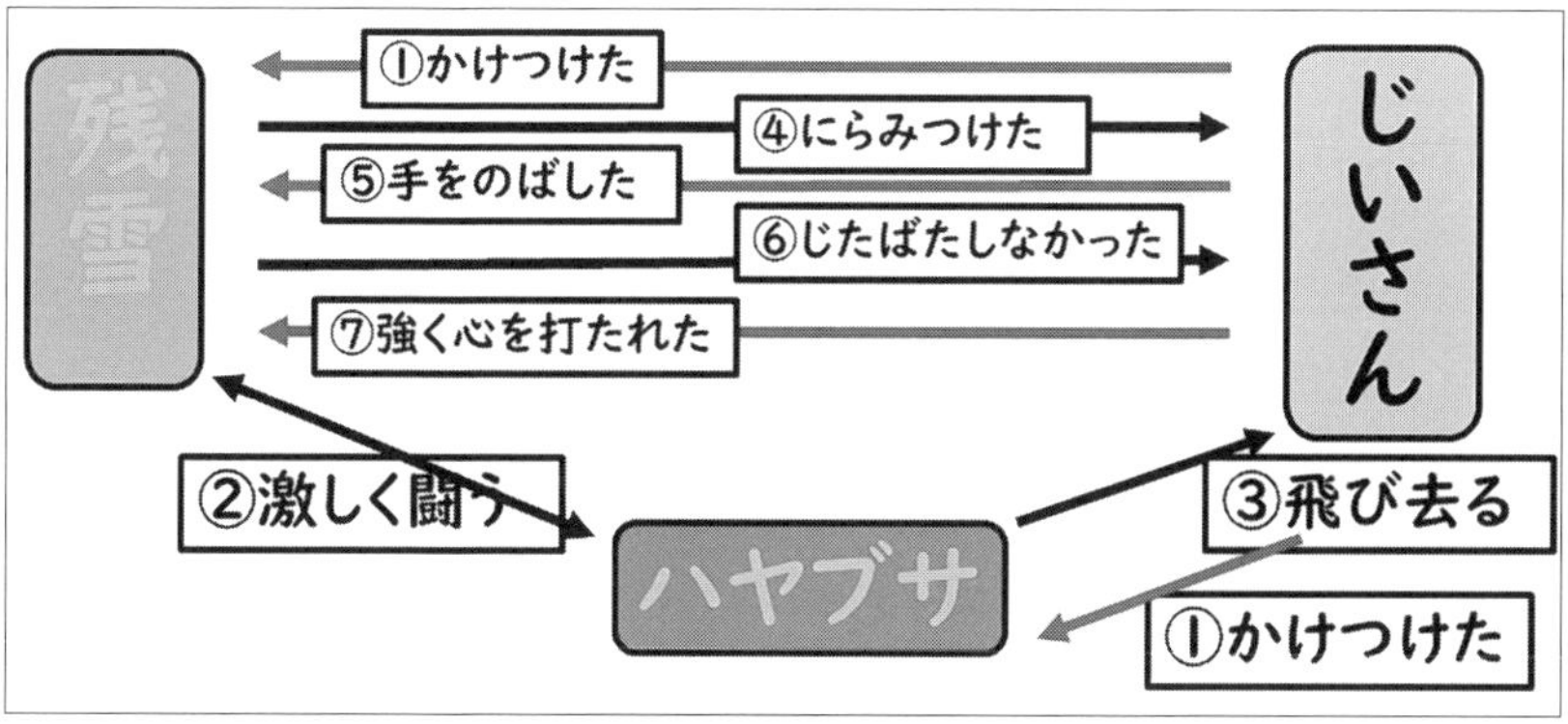

ここからどんな発問ができるでしょうか。

「どんなふうに手をのばしましたか」

これはかなりいいですが、もう少し具体的にします。

「片手ですか、両手ですか」

これだと意見は二つに分かれます。

「大造じいさんは片手を出したのですか、両手を出したのですか」

という発問があるのです。

これは斎藤喜博のお弟子さんで、武田常夫さんという方が、もう何十年も前に書かれているのです。

この理論が分かっていると、両手か、片手かで、子供の意見は二つに分かれるのです。

私はこの発問で授業したことがあります、そうすると、当然、ここで根拠を書かせなくてはいけません。そして、討論をさせていくのです。

討論の過程で、大造じいさんの心情にまで迫るような意見が出るように、子供を育てておかなければならないということです。

それをしていない学級では、「片手です」「両手です」ということで終了します。

そこがポイントなのです。

ですから、この言動から取り組む「心情に迫る発問」というのは、学級の子供たちをある程度鍛えておくことが前提になるということが分かると思います。

このように考えると
「①かけつけた」

というところも発問できます。

「じいさんはゆっくりかけつけたのですか、急いでかけつけたのですか」

というのは良い発問です。これは必ず心情に入っていきます。

「とらえようとしたのですか、助けようとしたのですか」

これも考えられます。

つまり、図読法の言動を活用することによって、心情に、気持ちに迫ることは十分可能だということなのです。

ですから、その心情に迫りたい部分の言動を自分で見つけて、そこからどういう発問が考えられるかを教師がチャレンジしてみる。こういう新たな教材研究が生まれてくるということです。

図読法は気持ちを問わないから駄目だという批判は、もうこれ以降はないということになっていきます。

逆に、直接気持ちを問うことは良くないということが分かります。

次は、「一つの花」という教材です。

東京の国立国会図書館で原文を見つけてもらいました。その中には、この部分があります。

「それを見て」

どんな発問が考えられるでしょうか。

「何を見ましたか」

何を見て、お父さんは去って行ったのですか、と問うと、意見は二つに分かれます。

コスモス（一つの花）か、または、ゆみ子です。

この原文のままならそういくのですが、教科書はこうなっているのです。

「ゆみ子のにぎっている、一つの花を見つめながら。」

教科書はこの一文を挿れたのです。

だから、もう一つの花を見つめながら去って行ったということが見えてしまうのです。

なので、ここを発問するときにはこの一文を抜いて授業すべきなのです。

そうすると、一つの花を見つめたのか、ゆみ子を見つめたのかで意見が分かれ、その討論の中でお父さんの心情に迫っていくことができるのです。

こういうところが「見え」といわれる部分なのです。

さらに、教科書には挿絵まで余計に付けてあるのです。

だから、こういう見方が教師にできなければ全然見えてこないということです。

こういうことは教材研究なのです。図読だけやっても見えてこないことです。

このように、図読法の可能性、言動と知覚、「見え」を問うところから心情に迫ることができます。

さらに学習指導要領には、次のように書いてあります。

「登場人物の行動の背景には、そのときの、あるいはその行動に至るまでの気持ちがある場合が多い。そうした登場人物の気持ちを、行動や会話、地の文などの叙述をもとに捉えていく。」

学習指導要領には
「気持ちを直接聞け」

とは書いてないのです。

「言動から迫っていきなさいよ」

ということなのです。

ですから、こういうことを根拠に、学校の中でお話をされてください。

宇佐美先生が次のようにおっしゃっています。

「一般に、経験される事実の方が文章より広いのである。だから、全ての事実を書いた文章などというものは無い。全ての文章は、文章外の知識を要求する。(『現代教育科学』1987・6)」

そういうことです。

これが、先ほどの表の中の四つの空いている部分を自分で埋めていくという作業なのです。

そこからの発問作りなのです。

コラム 1

全ての物語教材を図読法で実践する必要はない

全ての物語教材を図読法で実践する必要はありません。

まず、最初に実践をお勧めするのは「モチモチの木」です。３年生の教科書に掲載されています。

①全ての場面を図に表す必要はありません。三の場面だけで結構です。三の場面が一番短く、図のかき方の典型的な方法を理解することができます。

②また、図を基にした「再話」が読解力育成にとって重要です。支援を要する子供たちは、この再話が大好きです。ぜひ、全員に発表させる場をつくってください。どの子も三の場面のあらすじを発表することができます。

③さらに、図読一覧でクライマックス・主題まで読み取ることができます。主体的・対話的で深い学びをここで実現できます。クライマックスは、定義を指導し「一文」を探させます。中学年の場合は、教師が２箇所を提示し「クライマックスは、Aですか。Bですか」というように選択させると討論になります。主題も「モチモチの木の主題は、豆太の勇気ですか。成長ですか」と問うことで討論が成立します。

④学習指導要領で求められる「資質・能力」の２番目には「思考力・判断力・表現力等の育成」とあります。「図読法」は、探究的な指導過程をとりますので、この資質・能力を育成することも可能となります。

④若い先生方にとっては、ご自分で場面ごとの図を作成し、作品全体の図読一覧を作成することが、教材研究になります。

III

読解力を育てる「場面要約」のスキル

～「ごんぎつね」の授業づくり～

1 場面要約のスキル① 作品を出来事・事件に分ける

ここから「ごんぎつね」の図読法を解説します。

『構造的読解』の単元構成とすることが第一番目に書かれています。

①作品をいくつかの「出来事・事件」に分ける。

教科書に載っているような1行空きや、あるいは見出しがついているところは参考程度。これとは違ってくる部分が出てくるのが前提です。

②それぞれの出来事・事件を「短文」に要約する。

二十五字以内。

③「起承転結」に分類する。

基本的には、「転」のところにクライマックスが存在します。

④クライマックス・モチーフ（中心題材）について検討する。

⑤主題まで検討する。

これは学会の論文まで調べます。

2 場面要約のスキル② 場面分けの正解は

「ごんぎつね」の「場面分け」のところです。

教科書の分け方と、場面分けは若干違ってきます。場面は「出来事・事件」によって、分けていきます。

「ごんぎつね」の場合は、最初が一の場面ではないのです。

「説明」ということで、「ごん」についての描写・人物像というのが書いてあります。そこは場面としては位置付けないということです。

そのあとから、「一の場面」、「二の場面」というようになります。「場面分け」のところは、最初が一つのハードルです。三人の教師が一緒にやってみると、三人とも分け方が違うというところが出てきます。必ずです。サークルあるいは校内研等で、同じ学年のグループ等で一緒に検討してみる。そのことが重要です。そして、自分で納得したところで決めて結構です。

正解は一つというわけではありません、自分で

「これが事件によって分けられる場面だ」

と、納得したところで進めます。

3 場面要約のスキル③ ごんはどんなきつねですか

「ごんぎつね」を場面ごとに解説していきます。

最初は「説明」の部分です。

この部分には通常、時代背景であるとか、あるいは設定であるとか、登場人物の人物像。このようなことが紹介されています。ここでは、

「ごんは、どんなきつねですか。根拠を二つ見つけなさい」

というように、二つと限定しています。ここは重要です。これは、学習指導要領の中に明記されているのです。

通常、

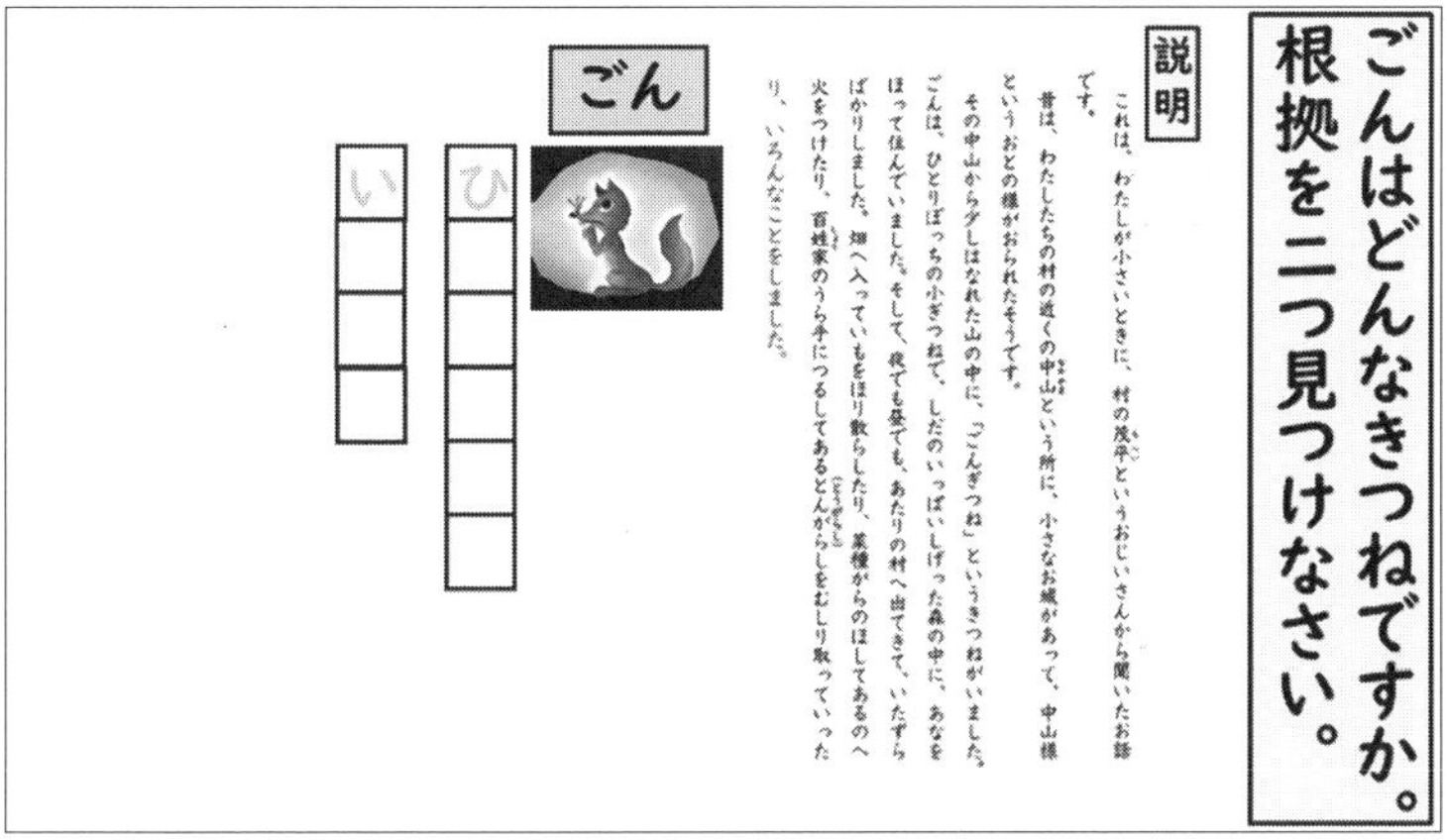
ごんはどんなきつねですか。
根拠を二つ見つけなさい。
説明
これは、わたしが小さいときに、村の茂平というおじいさんから聞いたお話です。
昔は、わたしたちの村の近くの中山という所に、小さなお城があって、中山様というおとの様がおられたそうです。
その中山から少しはなれた山の中に、「ごんぎつね」というきつねがいました。ごんは、ひとりぼっちの小ぎつねで、しだのいっぱいしげった森の中に、あなをほって住んでいました。そして、夜でも昼でも、あたりの村へ出てきて、いたずらばかりしました。畑へ入っていもをほり散らしたり、菜種がらのほしてあるのへ火をつけたり、百姓家のうら手につるしてあるとんがらしをむしり取っていったり、いろんなことをしました。
ごん
ひ
い

「どんなきつねですか」

というように言うと、子供は一つしか探しません。一つしか探さないということは、他の子供が別の意見を言った時には、そこに目がいかないということなのです。

自分で意見をいくつも探しているという経験があるから、他の子供たちの意見に対し、

「ああ、それもそうだったのか」

と聞く態度が身に付いていくのです。

ですから、必ず教師が確定をし、数字で示してやります。中学年は特にです。

このようなことが重要になってくるのです。

4 場面要約のスキル④ どんないたずらをしましたか

「どんないたずらをしましたか」

ということが、教科書に書いてあります。三つ書いてあります。

「いもをほり散らした」

「菜種がらに火をつけた」

「とんがらしをむしり取った」

これは、「いたずら」という言葉が、子供たちの認識に誤りを生じさせているということなのです。

「いたずら」というと、子供たちのいたずら、子供同士のいたずら、些細なことと捉えがちですが、兵十にとってはどのような意味があるのか。

「いもをほり散らした」ということは、人間にとってのいも。当時の時代背景を見なければいけません。その当時、いも

は食料なのです。

「今でいうと何ですか？」

と子供たちに聞くといいです。

「ご飯」は「食事」です。

「菜種がら」というのは、「燃料」なのです。

つまり、このようなことが分かると、兵十にとって単なる「いたずら」ではなかったのだと理解できるのです。

5 場面要約のスキル⑤ 時代背景の「スキーマ」

今回は、「ごんぎつね」における「いたずら」という概念についてです。

子供がイメージとして持っている「いたずら」と、物語の中、兵十にとっての「いたずら」は、全く違うものであるということは記しました。

実はこのようなことは、物語文の中には多く出てきます。

七十年も八十年も前に作られた作品が、いまだに日本の学校教科書では、名作として多く残っています。そのような中には作られた時代背景が、今と全く違っていることがたくさんあります。

例えば「大造じいさんとガン」のところでもありました。

「ごんぎつね」でもありました。

他のものでもあるのです。

ですから、この「スキーマ」、いわゆる子供たちの持っている知識・概念の構造、それに心理学の中で「足場かけ」という概念があります。

この二つは、読解力育成の中で、非常に重要な概念です。是非、勉強されてください。

6 場面要約のスキル⑥ 一の場面の要約

一の場面の図、そして要約です。

①ごんは兵十に「気づいた」。

これが一番目です。

そして二番目。下に書いてます。矢印がないところです。

②兵十は「びくを土手に置いた」。

兵十だけの言動です。したがって、下に位置付けるように書いています。

③ごんはその魚を「にがした」。

④兵十はごんに「ぬすっとぎつねめ」と言った。

⑤ごんは「逃げた」。

というようにして要約を

「兵十が捕った獲物をいたずらで逃がしたごん（二十字）」

とまとめてみました。

矢印のない言動で重要な部分が出てくるのです。それは登場人物の下に位置付けていくということです。

これが一の場面です。

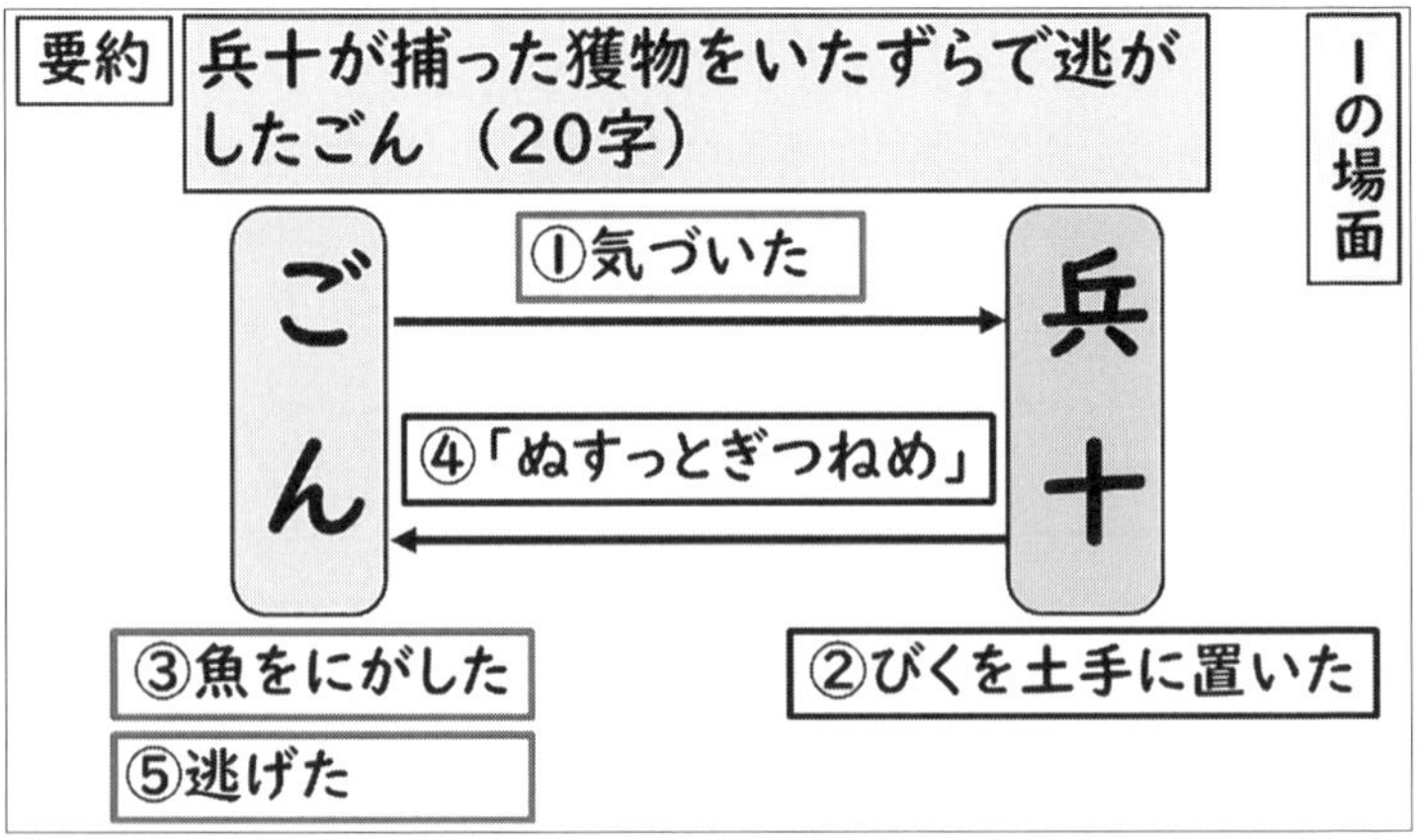

7 場面要約のスキル⑦ 二の場面で登場人物の言動を書き込む

二の場面です。（図・省略）

二の場面は、矢印が入りません。言動を全て登場人物の下に書いていきます。これは何を意味するか。

つまり、それぞれの人物のやりとり・交流が「ない」ということを意味しています。

その登場人物が一人で言ったこと、一人で考えたこと、行動したこと。それがある場合は、登場人物の下に位置付けていくということです。

このようにすると、より分かりやすくなります。

8 場面要約のスキル⑧ 三の場面で「図読」を完成させると！

下の図は三の場面の図読を完成させたものです。

実はこれを見ていると、ここを直した方がいいというところが、いくつもあります。

もっともっとシンプルにしたいと思っているのです。

もっともっと分かりやすくしたいと思っているのです。

一番上に要約文があります。

この要約文に入る言葉は、この図の中の言葉と同じものでなければいけないのではないか、ということが見えてきました。同じものがピタッと入ることに

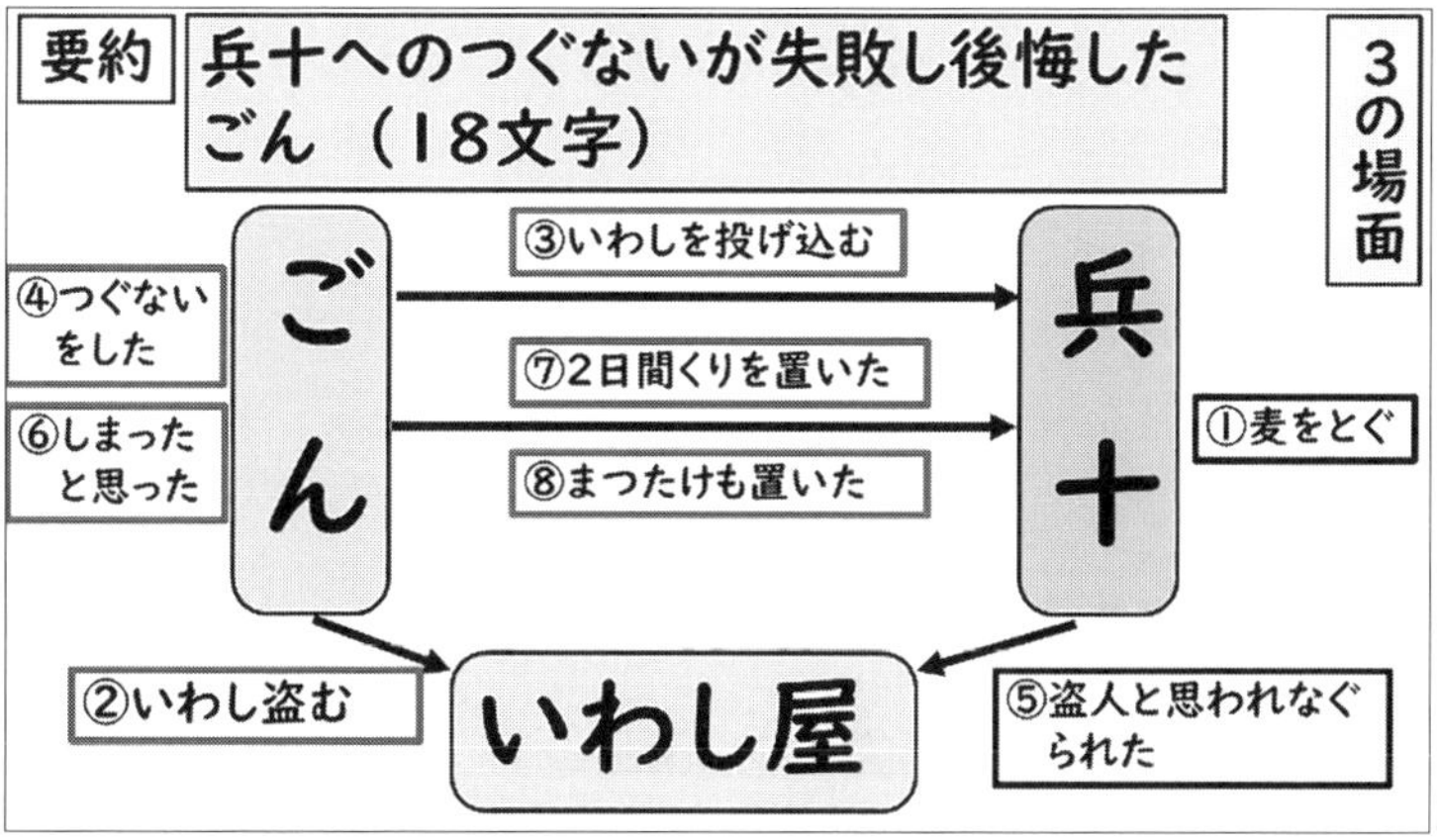
要約
兵十へのつぐないが失敗し後悔したごん（18文字）
3の場面
ごん
兵十
いわし屋
③いわしを投げ込む
⑦2日間くりを置いた
⑧まつたけも置いた
④つぐないをした
⑥しまったと思った
①麦をとぐ
②いわし盗む
⑤盗人と思われなぐられた

よって、子供はますます要約をすることが楽しくなり、頑張ろうという気持ちになっていきます。

そのことを考えながら新たな問題提起をしたいと思っています。

9 場面要約のスキル⑨　四の場面で視覚的なポイントをつかませる

四の場面です。

下の図を見ていただくと分かるように、「ごん」と「兵十」のやりとり、交流というものが、矢印として全く出てこないことが分かります。

つまり、このことから「兵十」へ償いが伝わっていなかったということが、視覚的にも分かります。

このことが図読法の一つの大きな特徴になります。

さらに「ごん」と「兵十」の横にそれぞれの言動が書いてあります。矢印のないところでも、この場面で重要だと思われる言動については、このような形で、その登場人物の下、または横に書きます。

こういう形で書いていくことで、この場面の再話をすることができます。

さらに、視覚的にこの場面のポイントを子供たちは見ることができるのです。

10 場面要約のスキル⑩　五の場面で教科書を超える発見が！

五の場面の図を示しています。

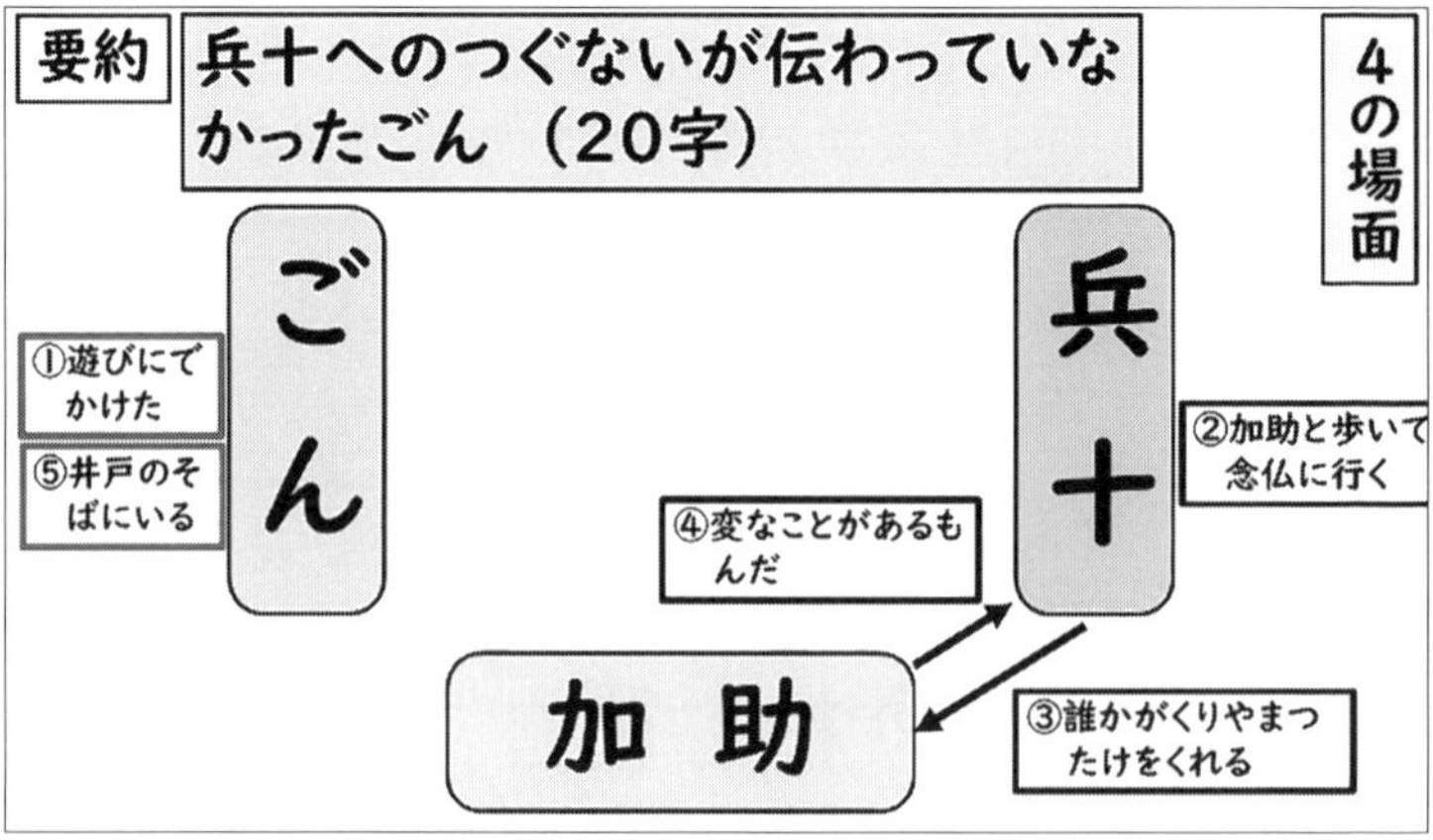

要約
兵十へのつぐないが伝わっていなかったごん（20字）
4の場面
ごん
①遊びにでかけた
⑤井戸のそばにいる
兵十
②加助と歩いて念仏に行く
④変なことがあるもんだ
加助
③誰かがくりやまつたけをくれる

ここでのポイントは、見た瞬間にとても重要なことが情報として分かるということです。

それは、「兵十」と「ごん」の交流が全くないということです。

「ごんぎつね」は、この交流のなさが、非常に大きなポイントになります。

しかし、教科書の文章だけからは見えてきません。図に表すとはっきり分かります。矢印がないわけです。ここが悲劇の元になっていくというところです。

さらに、今私が考えていることは、この図を再話させます。

その時に、これまでは、目で見ただけで読ませていました。

ところが、①と②と③…の番号を見てください。番号があちこちに飛んでいるのです。

だから、こういうときは、①に指を置かせながら再話をさせます。

例えば、

「①に指を置いて」

「ごんは井戸のそばで待っていました。」

②のところ、指を置かせて再話させます。

「兵十は、加助と歩いて行きました。」

というようにさせるといいです。

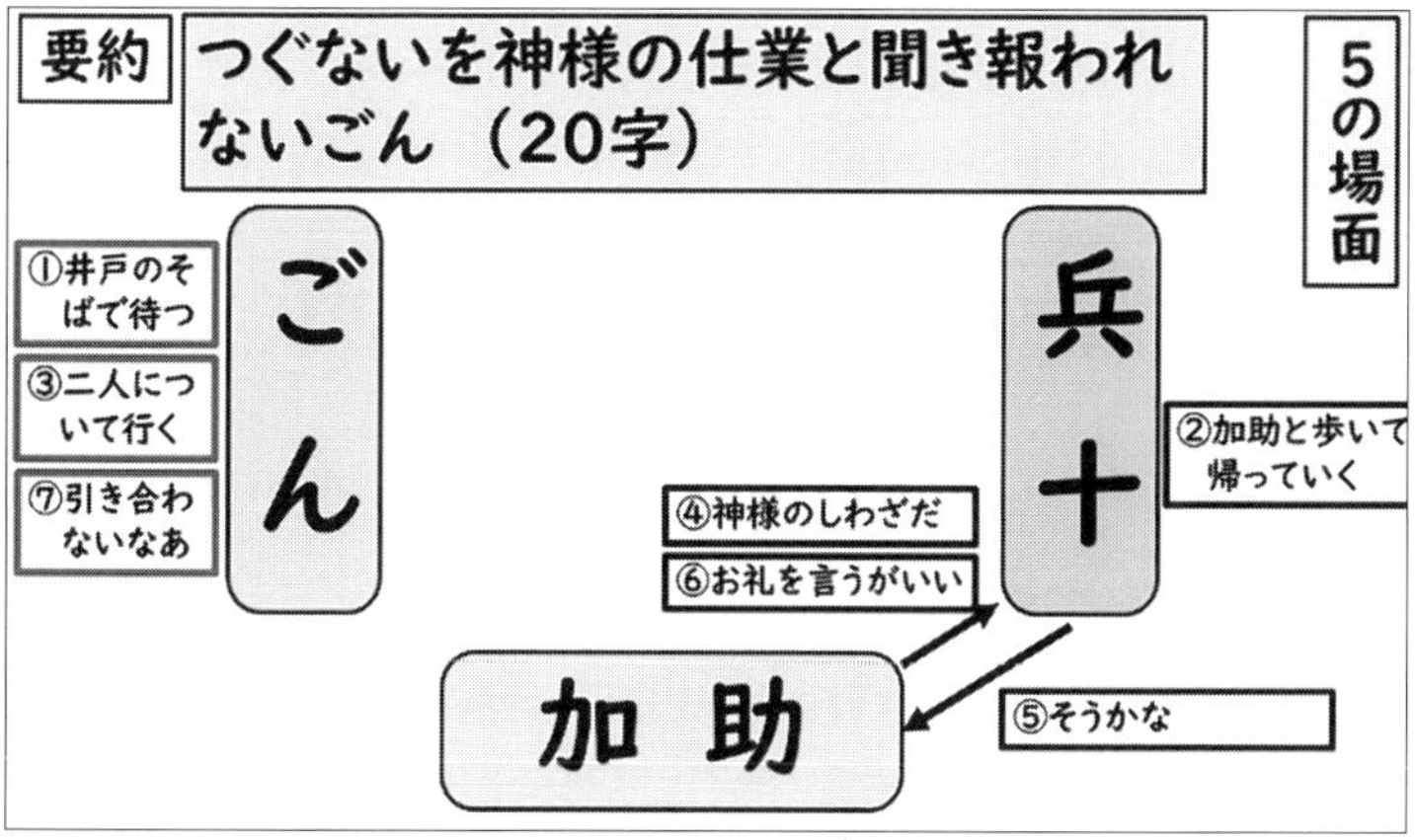

要約
つぐないを神様の仕業と聞き報われないごん（20字）
5の場面
①井戸のそばで待つ
③二人について行く
⑦引き合わないなあ
ごん
兵十
②加助と歩いて帰っていく
④神様のしわざだ
⑥お礼を言うがいい
加助
⑤そうかな

六の場面。

「ごん」と「兵十」の交流が、非常にたくさん出てきてます。これが最後の場面です。

それに対して五の場面では「ごん」と「兵十」の交流が全くないということが分かります。

つまり、矢印の向き、方向、そしてその矢印が相手に届いているかどうかを視覚的に見るだけで、交流があったかどうかということが明確に分かるのです。このことが、この「ごんぎつね」の悲劇を最後にもたらすような、展開に繋がっているということです。

つまり図読法は、このように物語の流れ・展開を視覚的に捉えることができるという、優れた指導法だということです。

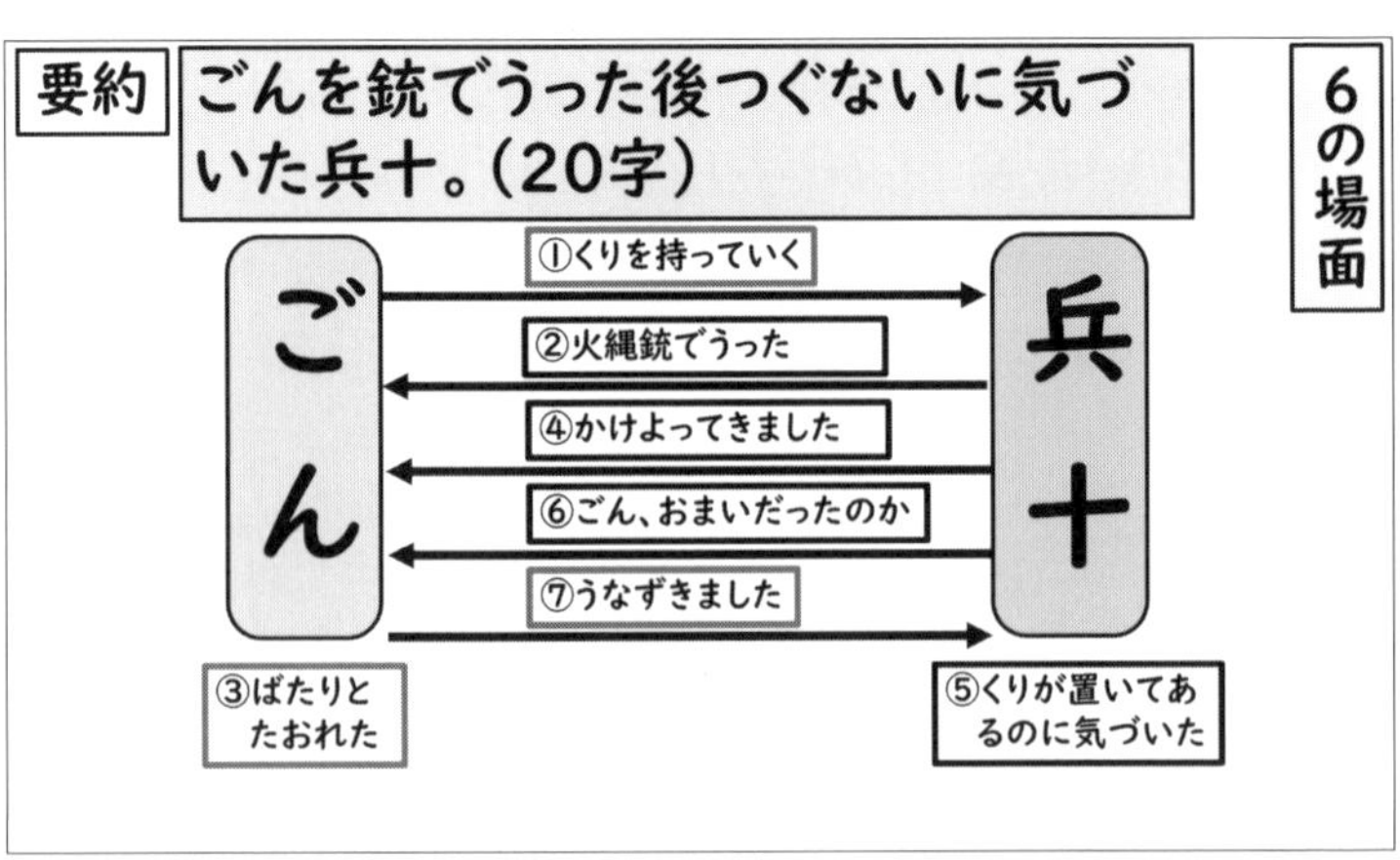
6の場面
要約
ごんを銃でうった後つぐないに気づいた兵十。(20字)
ごん
兵十
①くりを持っていく
②火縄銃でうった
④かけよってきました
⑥ごん、おまいだったのか
⑦うなずきました
③ばたりとたおれた
⑤くりが置いてあるのに気づいた

Ⅳ

「出来事・事件」による「場面分け」とスキーマの必要性

～「大造じいさんとガン」の授業づくり～

1 場面分けのスキル① 三つの型から選びポイントをつかむ

ここから「大造じいさんとガン」の授業づくりについてです。

まず、物語教材の題名には、大きく分けて三つの型があります。

①中心人物型

例、「大造じいさんとガン」「ごんぎつね」「スイミー」という話です。

②クライマックス型

あまりないですが、以前あった「とびこめ」という教材です。

③象徴型

「お手紙」は何を象徴しているのか、「三年とうげ」「モチモチの木」「やまなし」。このような物語が象徴として挙げられます。

それぞれによって読解の方法が違います。

中心人物型「大造じいさんとガン」は、大造じいさんの心情の変化を読み取るということが最大のポイントになります。

このことが分かるだけでも、読み方が変わってきます。

2 場面分けのスキル② スキーマの重要性

「スキーマの必要性」です。

この作品は昭和十六年に作られた作品です。今の子供たちにとって、当時の時代背景というのは、かなり異なっています。

題名の型

①中心人物型
大造じいさんとガン

②クライマックス型
とびこめ

③象徴型
お手紙
三年とうげ　　モチモチの木
やまなし

したがって、当時の時代背景についての知識がなければ、内容を理解することができないということは、「ごんぎつね」等の教材でも十分あり得るのです。その中の代表的な「スキーマ」を三つ挙げています。

狩人というのは、職業にしているということで、趣味でやっているわけではないということです。

さらに、ガンとハヤブサのくちばしの違いです。

それから足の違い。肉食というのもあります。

これが分からなければ、この戦いは単なる鳥の喧嘩というように捉えてしまう子が出てくるということです。

前提となる知識を与えましょう。

3 場面分けのスキル③　単元構造が肝

図読法の単元構成は、次のようになります。

【音読　↓　場面分け　↓　要約　↓　起承転結　↓　モチーフ（中心題材）↓　主題】

この単元の構成が肝なのです。

これはいわゆる専門家といわれる人たち、大学の研究者といわれる人たちが、文学作品における主題を検討していく探究的な活動そのままなのです。

つまり学者あるいは、様々な研究活動におけるその過程というか、それを子供バージョンに落とし込んでいます。

だからこそ子供たちはそこに熱中していくのです。子供は知的な存在です。優れた学び手なのです。

このように研究し尽くされた人類の知恵、学び方の知恵というものを継承していく。

これがまさしく図読法の根幹にあるということです。「探究的な学習」です。

4 場面分けのスキル④　～場面分け～　教科書とのズレ教材

「大造じいさんとガン」の図読法の四回目です。

まず、最初にやるべきことは、場面分けです。

場面というのは、教科書に書いてある1行空き、あるいは見出し　それとは違います。

つまり、ここでは出来事、あるいは、事件という観点で「場面分け」をしていきます。

下の図に1、2、3、4と数字が出ています。これがいわゆる教科書に出ている場面です。

①～⑧は私が書いています。これが、出来事による場面分けです。

一番最初の教材研究において、①の方の場面分けをすることは、少しハードルがあります。ですから、何人かの先生方と一緒にやってみるといいです。当然最初は教師によって変わります。

それを検討しながら、最終的には教師が決めて、これでいくというところで大丈夫です。

5 場面分けのスキル⑤　子供たちに矢印を引かせる

今回は、島根県で、六年生の子供たち二十九名に、「大造じいさんとガン」の図読法の授業を初めて行いました。そのコンテンツを使って、このあとは解

事件（出来事）による場面分け

1	①場面	：	P86, L2	～P88, L6
	②場面	：	P88, L7	～P90, L5
2	③場面	：	P90, L7	～P92, L14
3	④場面	：	P93, L2	～P94, L13
	⑤場面	：	P94, L14	～P95, L11
	⑥場面	：	P95, L12	～P98, L8
	⑦場面	：	P98, L9	～P99, L6
4	⑧場面	：	P99, L8	～P101, L3

説をいたします。

まず、教材文をプリントしたものを配ってありましたので、第一場面を立って、一回読ませました。

全員が読むまで待ちます。読み終わったら、繰り返し読みます。

これで、学級の音読のアセスメントをすることができるのです。

さらに、二枚目の登場人物が書いてあるものをA４のカラーでプリントして、配っていただきました。これを使って子供たちに実際に矢印を引かせ、そして「①ぬま地に〇〇〇〇」と提示する。

これに何が入るかということで、教科書に戻って言葉を探させ、そして教科書のその部分を赤で囲ませます。

そのようにして、第一段階をやりました。

6 場面分けのスキル⑥ 第一場面を囲ませる

「大造じいさんとガン」の授業の第一場面の続きになります。

子供たちに配っている教科書で、

『ぬま地にやってきた』という部分に指を置きなさい」

と全員に指を置かせます。そして、

「赤鉛筆、または、持っている赤ボールペンで丸で囲みなさい」

と確認します。

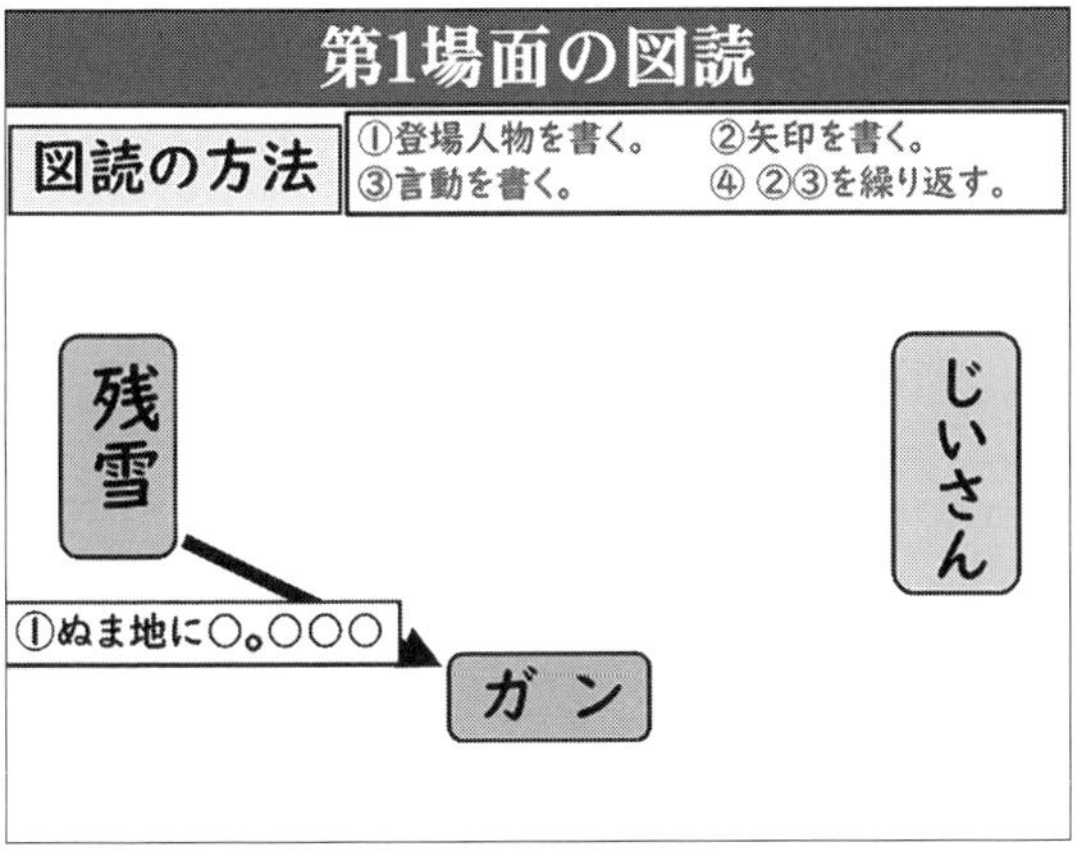

第1場面の図読
図読の方法
①登場人物を書く。
②矢印を書く。
③言動を書く。
④ ②③を繰り返す。
残雪
じいさん
①ぬま地に〇。〇〇〇
ガン

「囲んだら手を挙げなさい。数えます」

ということで全員が囲んだかどうかをチェックします。

その後、実際の子供たちに配っているワークシートプリントに、「①ぬま地にやってきた」と書かせます。周りの四角は書かなくていいです。

「では鉛筆を持って」

「鉛筆を持って」というところで揃えさせます。全員が鉛筆を持ったのを確認して、

「では始め」

という形でやります。

一番最初は子供たちの空白を埋めるために、このようにやります。

7 場面分けのスキル⑦ 言葉を言い換えさせる

「大造じいさんとガン」第一場面の図読の二回目になります。

二回目は「人間をよせつけませんでした」という部分を図読の中に表現させていきます。

「よせつけませんでした」は非常に長くなります。

これを短くし「よせつけない」というような形で示して、教科書のどこに書いてあるかを探させます。

これはすぐ見つかります。

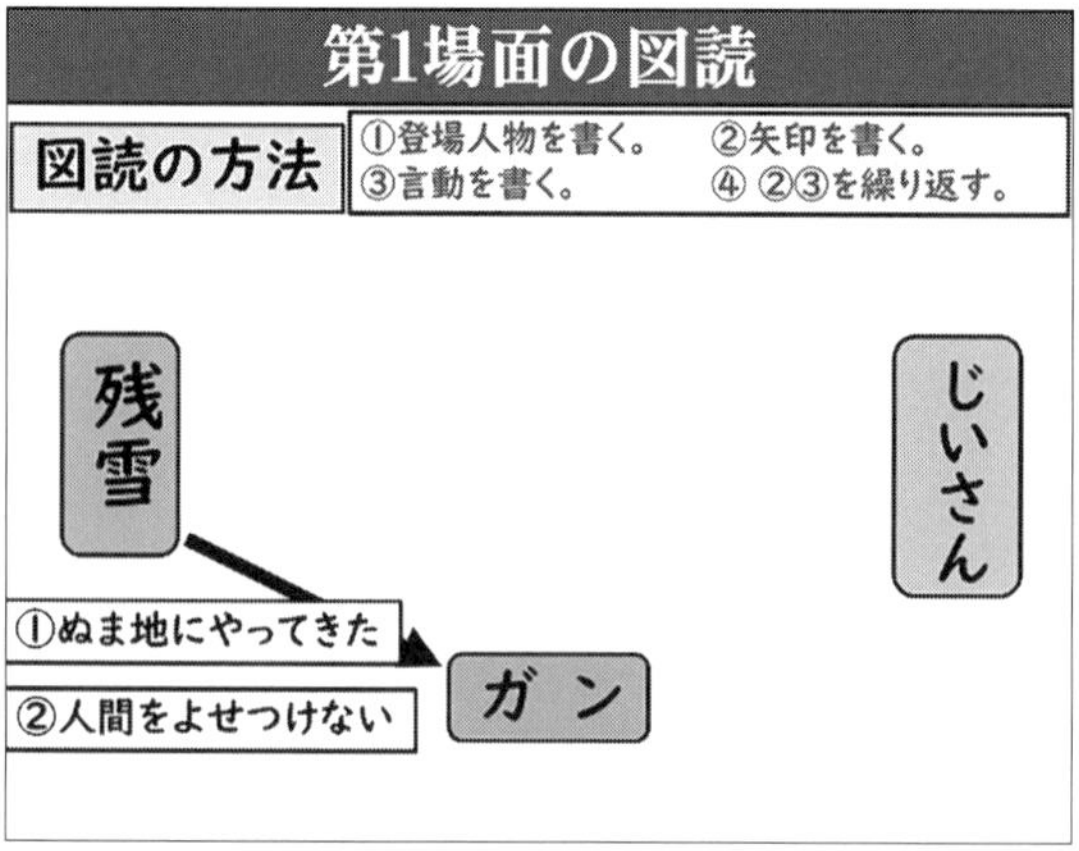

第1場面の図読
図読の方法
①登場人物を書く。 ②矢印を書く。
③言動を書く。 ④ ②③を繰り返す。
残雪
じいさん
①ぬま地にやってきた
ガン
②人間をよせつけない

それを赤鉛筆で囲ませます。そして実際に配ったプリントの図の中に「②」と書いて「人間をよせつけない」と記入させます。

「よせつけませんでした」を「よせつけない」、このように言葉を言い換えさせます。実はこのことがとても重要な力です。

しかし、これまでほとんど日本の国語教育でやっていないことなのです。わずかこれだけのことです。子供はすぐ慣れます。

小学校の授業は、ほとんど「慣れ」「経験」で対応できると私は考えています。それをやってないというように思います。

8 場面分けのスキル⑧ 教科書から探させる

第一場面の図読です。

①と②は、言葉を少し空け、その中に埋めさせます。それを教科書から探すということをやったのです。

③の「いまいましく思った」というところは、いきなり、図の中に言葉を入れたものを提示しました。そして、

「では、これがどこにあるか教科書から探してごらん」

と、教科書で探させて、

「見つけた人、指を置いて」

と、指を置かせ、

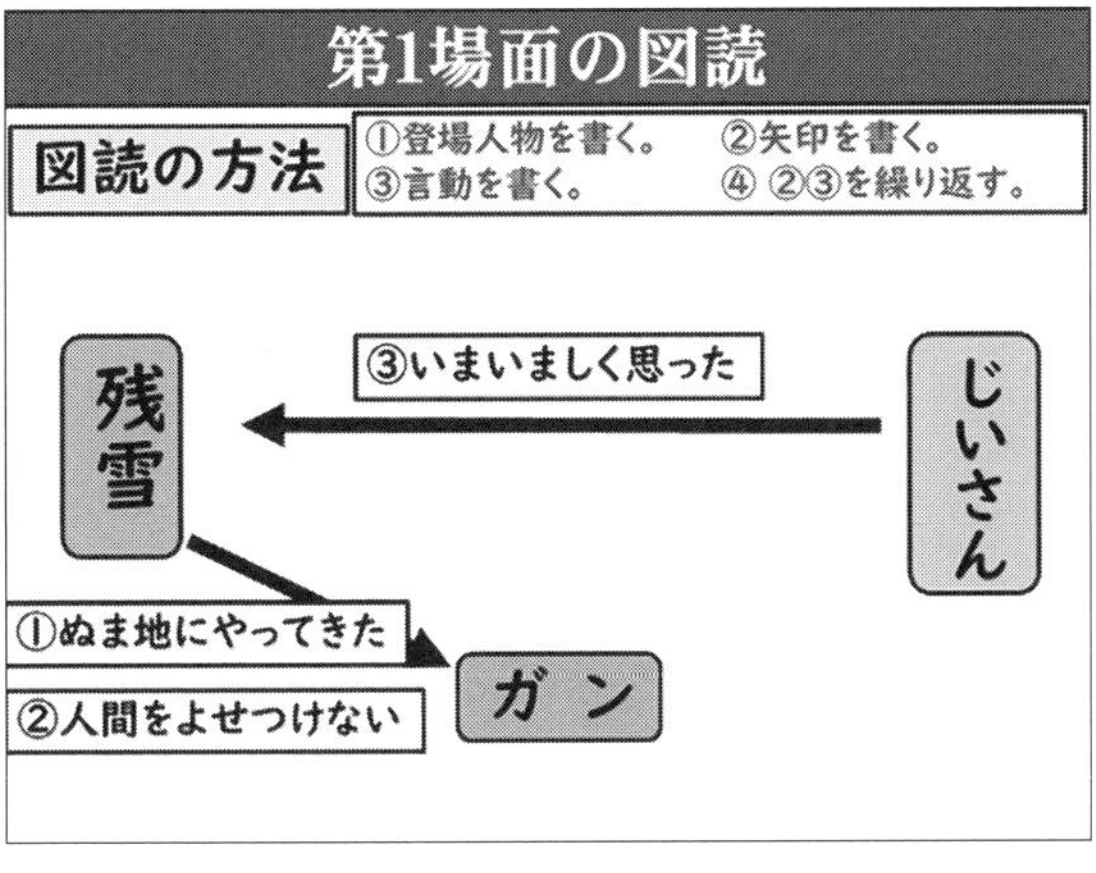
第1場面の図読
図読の方法
①登場人物を書く。 ②矢印を書く。
③言動を書く。 ④ ②③を繰り返す。
③いまいましく思った
残雪
じいさん
①ぬま地にやってきた
②人間をよせつけない
ガン

「では、一緒に読んでごらん」

と言ってそれを読ませて、

「赤鉛筆で囲みなさい」

と言って赤鉛筆で囲ませます。

そのようにやりました。

そして、「いまいましく思った」の部分は教科書には何と書いてあるかというと、

「いまいましく思っていました」

とあります。

実際は、「いまいましく思った」というように「言い換える」のです、と教えます。

この「言い換える」という言葉を強調していくのです。

これが「語彙力」。「言葉を言い換える力」に繋がっていきます。

9 場面分けのスキル⑨　同じ作業をさせる意味

第一場面の図読です。

今回は最後になります。④と⑤は、連続してやります。

「④うなぎつりばりをしかけた」

これを提示して、そして、その後、教科書に戻らせて、これがどこにあるかというところを見つけさせ、そして、赤で囲ませます。

言葉の言い換えをしたところを、音読させることで、確認をさせます。

その後、⑤を提示します。

同じように教科書から探させます。

同じことの繰り返しです。

いわゆる「同じ作業の繰り返し」、これがスキルとなって子供たちに定着していきます。子供たちはそれを見つけて、⑤を書きます。

その後、下の図には「再話」と出ていますが、極めて重要です。「読解力」の最も重要な部分です。

このお話を番号順に、矢印のスタートの主語のところからお話をさせます。

これは必ず全員にさせてください。これは最も重要な部分です。

10 場面分けのスキル⑩ この中のどれが一番重要か

図読法、第一場面の要約です。

今回は、新たなパーツを一つ追加しました。
①～⑤、いわゆる言動を表したものです。
「この中のどれが最も重要ですか」

というパーツを付け加えて授業をしました。

そうすると、子供たちは見事に「⑤」と答え、「一羽だけ手に入れた」というところに集約されていきました。中には「③」という子供もいます。

ここでは、どれくらい子供たちが反応するかということで、子供たちの読み

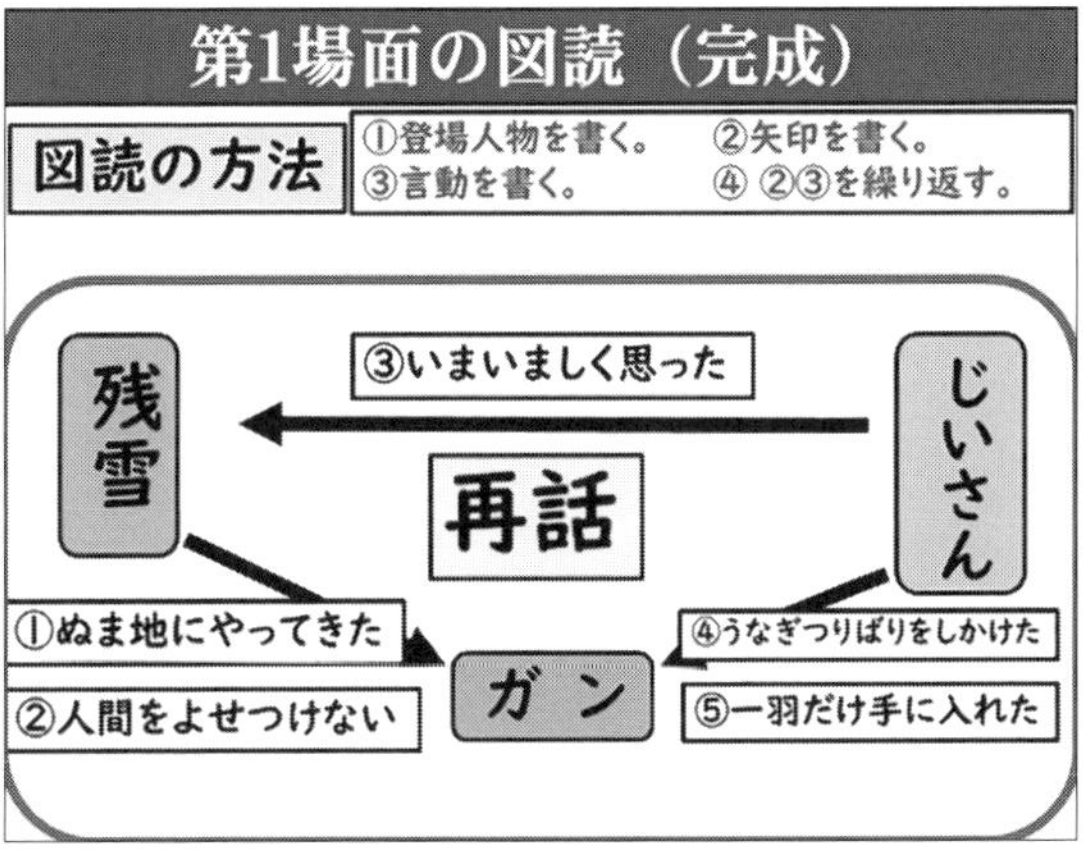

第1場面の図読（完成）
図読の方法
①登場人物を書く。
②矢印を書く。
③言動を書く。
④ ②③を繰り返す。
残雪
③いまいましく思った
じいさん
再話
①ぬま地にやってきた
②人間をよせつけない
ガン
④うなぎつりばりをしかけた
⑤一羽だけ手に入れた

取りの力をアセスメントすることができると感じました。

「⑤」そうすると、「一羽だけ手に入れた」というポイントになる一文を、教科書からもう一回確認をさせます。

そして、その言葉と「特別な方法」というキーワード。

この二つを組み合わせて、二十五字以内の「要約文」を作らせるというステップを踏みました。

11 場面分けのスキル⑪　要約指導の新しいスタイル

「大造じいさんとガン」の第一場面の要約です。

初めての飛び込み授業ということでした。

そして、一時間の中で主題まで持っていかなければいけないということでした。

当然、通常の場面の要約の指導とは違った形になります。

通常は要約を書かせて、黒板にズラーッと書かせて、教師が10点満点で評定をするという形でやります。

今回は、時間がそうあるわけではなかったので、まず、下の図のような形で、いろいろなところに言葉を入れるというフォーマットを作って示しました。

まず、上の行だけを考えさせます。

これは、その上のポイントとなる文を見れば分かります。子供たちはサッサ

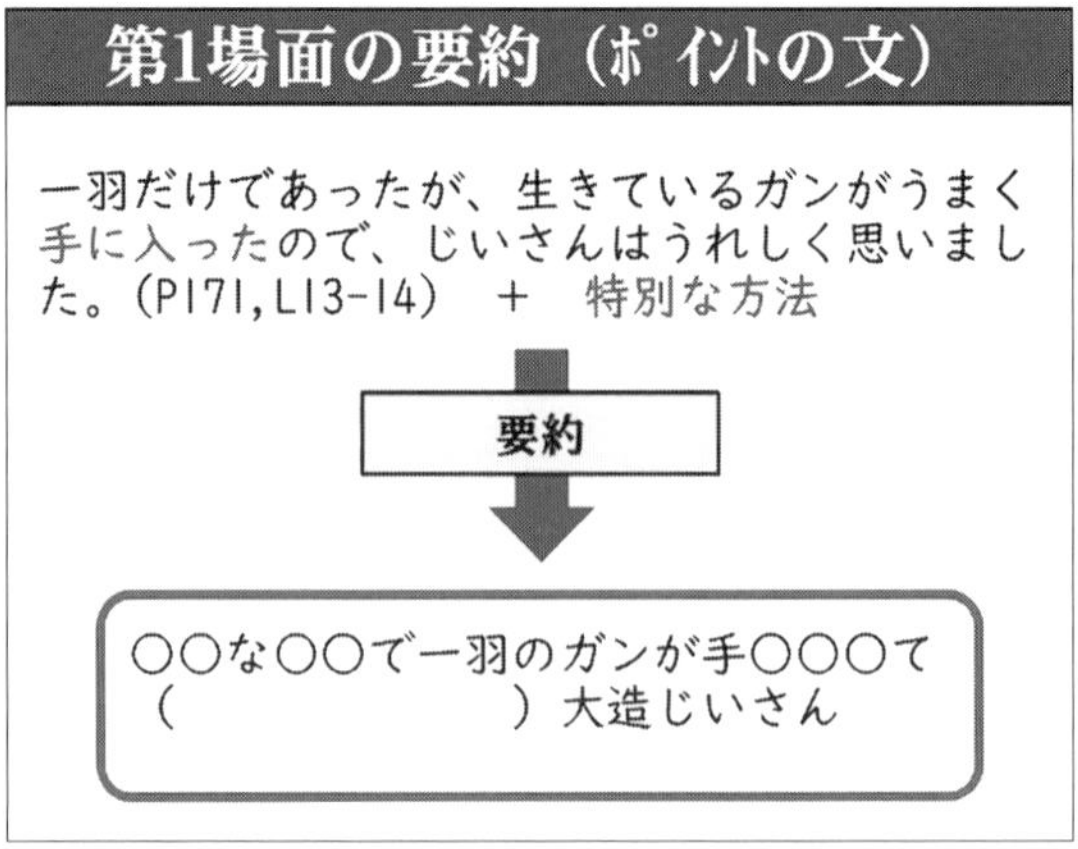
第1場面の要約（ポイントの文）
一羽だけであったが、生きているガンがうまく手に入ったので、じいさんはうれしく思いました。(P171,L13-14)　＋　特別な方法
要約
○○な○○で一羽のガンが手○○○て
（　　　　　　）大造じいさん

ッサッとやっていきます。

下の行は「(うれしく思った)大造じいさん」という形になって、さらに
「では、これで文字数を数えてください」

すると、三十字になります。

「では、これを二十五字にします」

ということで、「うれしく思いました」という部分を、二文字に表現させるところに持っていき、要約指導を行うというやり方です。

12 場面分けのスキル⑫ 情景描写に隠れている心情

第一場面の図読「大造じいさんとガン」をやりました。

第二場面も同じような形です。そこは省略します。

「大造じいさんとガン」で重要なのは、様々に「情景描写」があるということです。

この「情景描写」の裏に隠れている人物の心情、これが高学年、五、六年生の非常に大きな学習内容となっています。

ところが、この「情景描写」を扱わない実践というのが結構あるのです。これは駄目です。必ず扱うこと、これは最も重要なことです。

第二場面というと、「秋の日が美しかった」という描写があります。これを、

「①誰の心情を表していますか」

第1場面の要約（ポイントの文）

一羽だけであったが、生きているガンがうまく手に入ったので、じいさんはうれしく思いました。(P171,L13-14)　＋　特別な方法

↓ **25字で要約** ↓

特別な方法で一羽のガンが手に入って喜ぶ大造じいさん（　　字）

これは当然「大造じいさん」ですね。

「②そしてあなたは、どのような心情だと想像しますか。根拠を挙げてあなたの考えを書きなさい」

あなたの考え。ここは想像ですので、自分の考えを書かせる。これは重要です。

13 場面分けのスキル⑬　第三場面＝修正できる〝図〟

第三場面の図をここに表しています。

これは一番最初に作った「大造じいさんとガン」の第三場面です。

「残雪」「じいさん」「ガン」を登場人物と位置付けて、ここに図をかいています。非常に複雑になっています。①～⑥まであります。実はこの中で、矢印にはそぐわないものがあります。

何番か考えてみてください。

特に相手が来なくても、登場人物だけで言ったり、やったりした、言動。そのような部分は、当然出てくるわけです。

例えば、「残雪」の言動④です。

「残雪」は「④小屋を見つけた」とあります。

これは「残雪」だけがしたことなので、「じいさん」の方に矢印がなく、「残雪」の真下に言動を書けばいいのです。

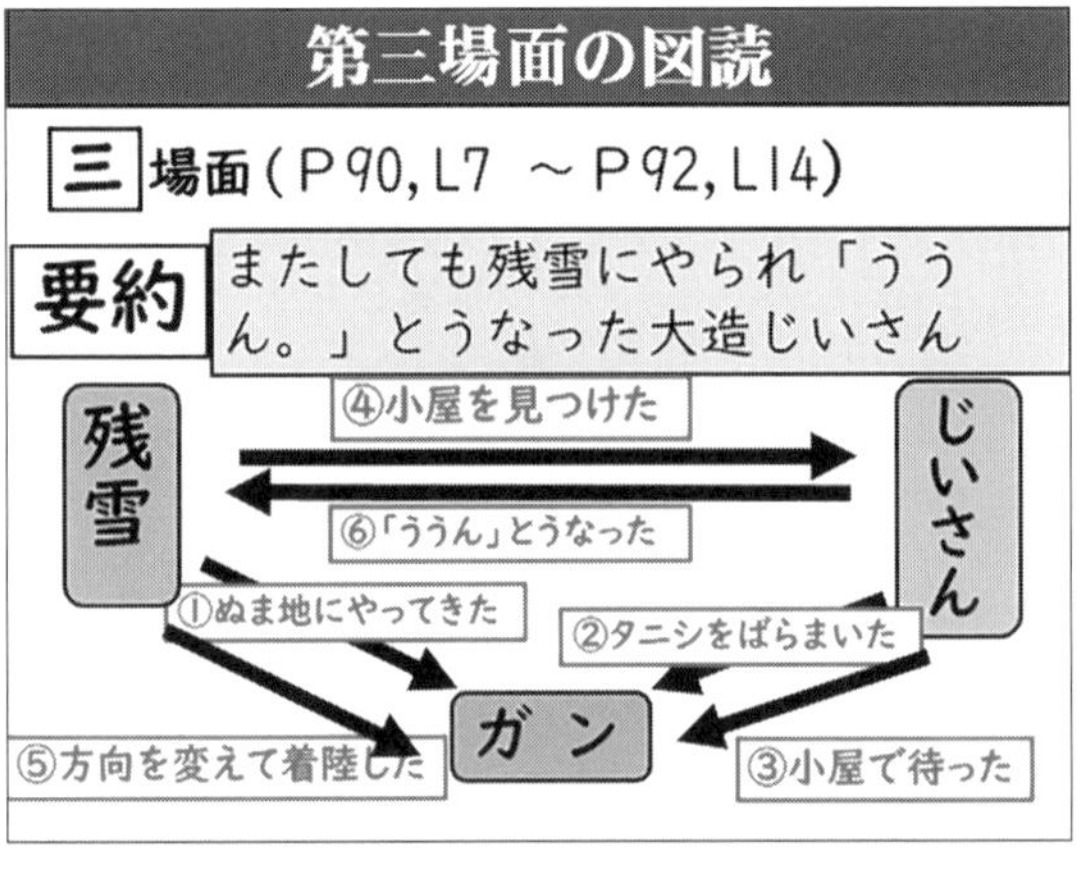

第三場面の図読
三 場面（P90, L7 ～P92, L14）
要約
またしても残雪にやられ「ううん。」とうなった大造じいさん
残雪
じいさん
④小屋を見つけた
⑥「ううん」とうなった
①ぬま地にやってきた
②タニシをばらまいた
ガン
⑤方向を変えて着陸した
③小屋で待った

このように、修正が可能なのです。

14 場面分けのスキル⑭　第四場面の図読はこうする

今回は、第四場面の図読を提示しています。

図読をやるとこうなります。

「①じいさんはおとりのガンを飼いならした」

「②おとりのガンはじいさんになついた」

「③残雪はガンを連れてえさ場に行ってきた」

「④じいさんはおとりのガンをえさ場に放った」

「⑤じいさんは小屋でガンの群れを待った」

この⑤のところ。⑤のところは、じいさんからガンに矢印が入っていますが、ここはじいさんだけが行動したということで、矢印抜きでも大丈夫です。

「じいさんは小屋でガンの群れを待った」

このように曖昧なところは、教師が判断をし、自分でやってみて結構です。

15 場面分けのスキル⑮　要約で子供の読解力を鍛える

「大造じいさんとガン」第四場面の要約です。

要約は、その場面の中でポイントになる一文、抽象的に書かれた、まとめたような一文です。

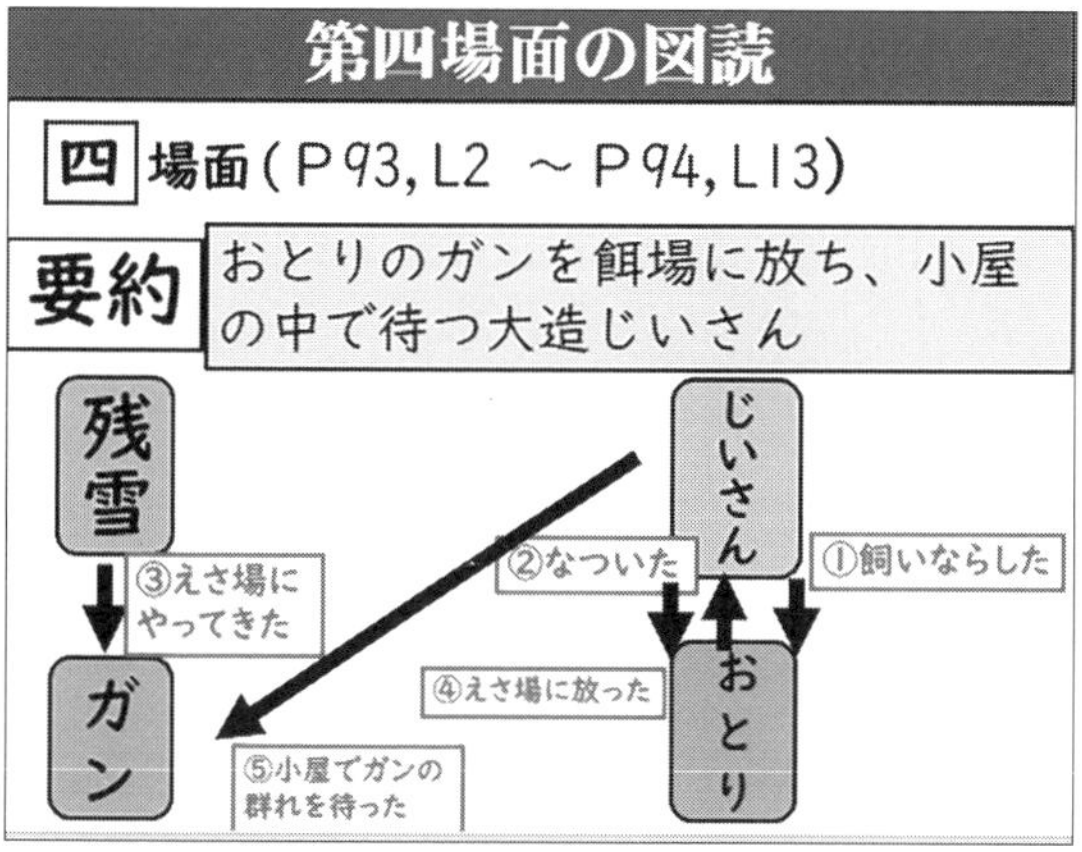
第四場面の図読
四 場面（P93, L2 ～ P94, L13）
要約
おとりのガンを餌場に放ち、小屋の中で待つ大造じいさん
残雪
じいさん
③えさ場にやってきた
②なついた
①飼いならした
ガン
④えさ場に放った
おとり
⑤小屋でガンの群れを待った

「その夜のうちに、飼いならしたガンを例のえさ場に放ち、昨年建てた小屋の中にもぐりこんで、ガンの群れを待つことにしました。」というところの一文を探し出して、それを二十五字以内に要約するときに、言葉を削ったり、あるいは平仮名を漢字に直したり、必要な部分だけを使ったり、ということをやるのです。

これが実は要約指導の中のポイントで、このことによって子供たちは読解力を鍛えているわけです。

読み取れなければ何がポイントかは見えてきません。

何がポイントかを考えることが、内容を読み取ることに繋がっていくということです。

ですから、この要約指導というのは、極めて重要な読解力のポイントということです。

16 場面分けのスキル⑯ 起承転結① 分ける

「大造じいさんとガン」各場面の図読、それから要約が終わったとします。

その次が、起承転結に分けるという内容になります。

起承転結に分けるときには、次ページの図にありますが、各場面の図を一覧に綺麗に並べるわけです。

これが、若い先生方の物語文の教材研究として非常に役立ちます。要約、そして具体的な図、矢印。これを自分で作ってみるのです。

このことによって、教材研究力がついてきます。

さらに、この図というのは、シンプルでなければいけないということです。

そして、見た目に美しくなければいけないということです。

このことは、とても重要なことです。教材の原則なのです。

シンプルで美しい。プリントも同じです。このようにして、まず自分で一覧を作ってみます。

17 場面分けのスキル⑰ 起承転結②「転」はどこなのか

「大造じいさんとガン」起承転結の二回目です。

起承転結の「転」はどこなのか。ここが一番見つけやすいのです。

ここは要約を見ていくと明らかに変わるところがあります。

つまり、大造じいさんの残雪に対する見方・考え方が、ガラッと変わるところがあるのです。

それが「クライマックス」です。クライマックスというのは場面ではなくて「その一文」です。

ですから第六場面、第七場面を、教科書のそこのところを開きます。

そして、その中で、大造じいさんの残雪に対する見方・考え方がガラッと変わった一文を探させます。

そうすると、大きく二つに分かれるのです。

ここで自分の根拠を書かせ発表させて討論ということになります。この討論がアクティブラーニングになるのです。

ですから図読法の中で、アクティブラーニングができる第一回目のところがこのクライマックスの場面であるということなのです。

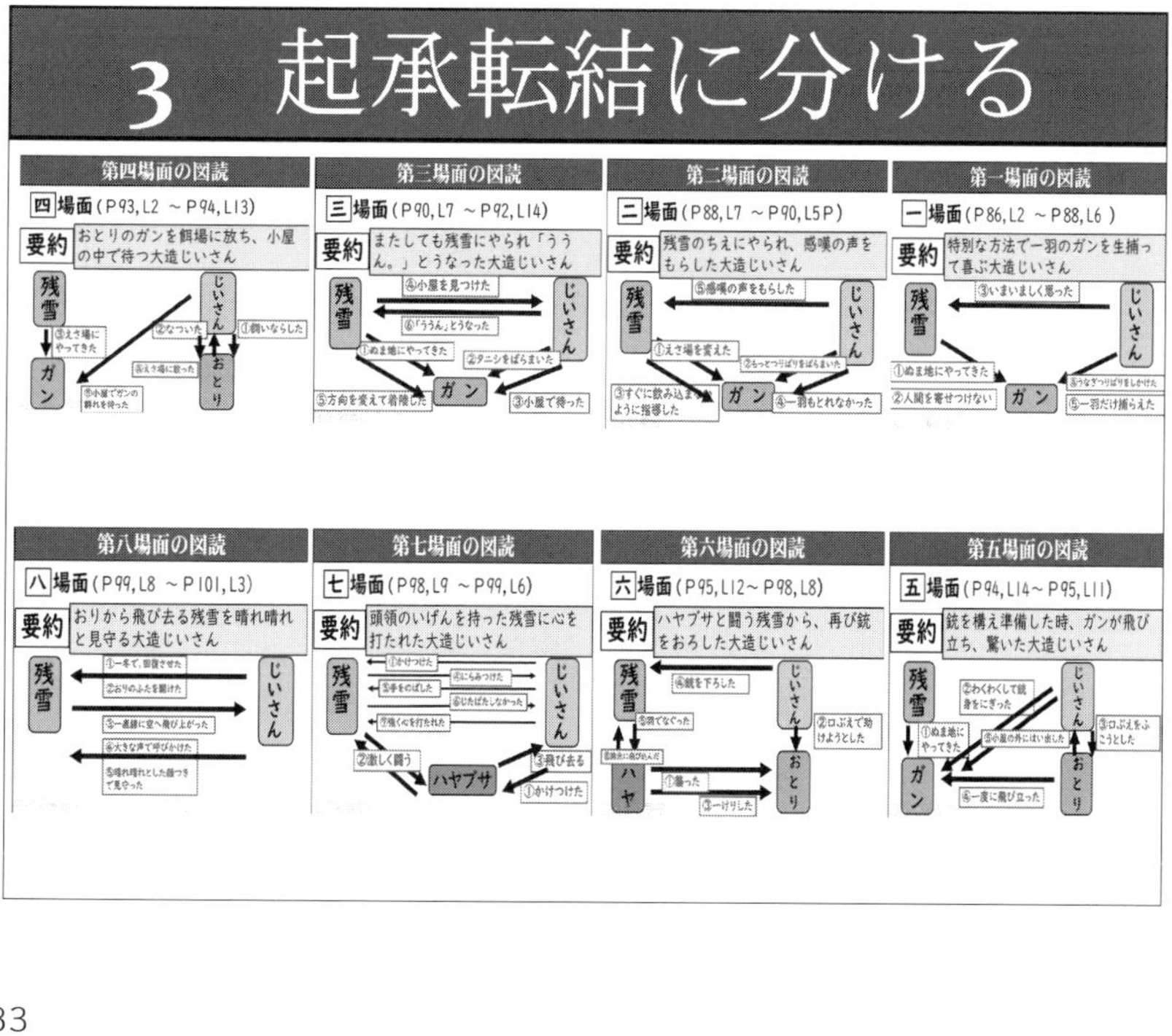
3 起承転結に分ける
第一場面の図読
一場面（P86, L2 ～P88, L6）
要約 特別な方法で一羽のガンを生捕って喜ぶ大造じいさん
第二場面の図読
二場面（P88, L7 ～P90, L5P）
要約 残雪のちえにやられ、感嘆の声をもらした大造じいさん
第三場面の図読
三場面（P90, L7 ～P92, L14）
要約 またしても残雪にやられ「ううん。」とうなった大造じいさん
第四場面の図読
四場面（P93, L2 ～P94, L13）
要約 おとりのガンを餌場に放ち、小屋の中で待つ大造じいさん
第五場面の図読
五場面（P94, L14～P95, L11）
要約 銃を構え準備した時、ガンが飛び立ち、驚いた大造じいさん
第六場面の図読
六場面（P95, L12～P98, L8）
要約 ハヤブサと闘う残雪から、再び銃をおろした大造じいさん
第七場面の図読
七場面（P98, L9 ～P99, L6）
要約 頭領のいげんを持った残雪に心を打たれた大造じいさん
第八場面の図読
八場面（P99, L8 ～P101, L3）
要約 おりから飛び去る残雪を晴れ晴れと見守る大造じいさん

18 場面分けのスキル⑱　起承転結③　モチーフを見つけ出す

「大造じいさんとガン」起承転結の「転」をやりました。クライマックスでアクティブラーニングができるということでした。

その次、中心題材、いわゆる「モチーフ」です。

下に出ている文は、要約文です。

各場面の要約部分をずらっと並べています。

「生け捕る」とか、「やられる」「餌場に放つ」「銃を構える」「戦う」「銃をおろす」「心を打たれる」「晴れ晴れと見守る」このように、「動詞」になる部分を全部挙げてみるのです。この全てに共通する事柄は何なのかということになります。

つまり、「大造じいさんとガン」は、ある共通の事柄を元にして、お話・物語が展開するということです。それは何かというと、この場合は「戦い」なのです。

全て「戦い」に関する事柄になっているということです。

このようにしてモチーフ（中心題材）というのを見つけ出します。

4　モチーフを検討する

①場面：特別な方法で一羽のガンを生け捕って喜ぶ
②場面：残雪のちえにやられ、感嘆の声をもらした
③場面：またしても残雪にやられ「ううん。」とうなった
④場面：おとりのガンを餌場に放ち、小屋の中で待つ
⑤場面：銃を構え準備した時、ガンが飛び立ち驚いた
⑥場面：ハヤブサと戦う残雪から、再び銃をおろした
⑦場面：頭領のいげんを持った残雪に心を打たれた
⑧場面：おりから飛び去る残雪を晴れ晴れと見守る

戦い

19 場面分けのスキル⑲ 起承転結④「主題」――3つだ！

「大造じいさんとガン」の最後です。
「主題」になります。
主題は、いくつかの取り上げ方がありますが、私は現在、三つだと思っています。
その中の一つ、応用編という形になります。
つまり、中心人物が誰かによって、主題は変わるのです。
「大造じいさんとガン」、これは典型的です。
一つは、「残雪」を中心人物だと考える子供がいます。
「大造じいさん」を中心人物だと考える子供がいます。
その両方だと考える子供もいるわけですね。
それぞれによって、主題に関わる文言が変わってくるのです。

中心人物で主題は変わる

①残雪
　頭領の威厳　リーダーの責任
②大造じいさん
　ライバルへの思いやり
　ライバルの勇気への感動
③大造じいさんと残雪
　生存競争
　生存競争の中の敵への感動

コラム 2

「図読法」は、どのような国語学力をつけることができるのか

「図読法」は、どのような国語学力をつけることができるのでしょうか。

①物語文の「構造」を読み取ることができる

今回の学習指導要領（国語解説）には、「構造」という言葉が、45回使われています。前回の学習指導要領では「４回」でした。つまり、国語科において「構造的に読む・書く・話す」ということが必要とされています。「図読法」による場面ごとの「図」や作品全体の「図読一覧」は、まさに作品を「構造的に読む」ことに適したものといえます。

②語彙力（言葉を言い換える）をつけることができる

語彙力は、今回の学習指導要領で初めて具体的に取り上げられました。語彙力というと、言葉を、質・量ともに増やすことだと考えられていますが、それだけではありません。「言葉を使いこなす」ことも、実際の生活場面で大きな力となります。例えば、常体を敬体に言い換える。二文を一文に言い換える。一文を二文に言い換える。等です。これらの語彙力は、全国学力・学習状況調査における記述式問題で毎回必要とされる学力でもあります。

③要約力をつけることができる

要約というと説明文というイメージがあります。しかし、今回の学習指導要領には、「文学的な文章においてあらすじを捉える際などにも必要となる『思考力、判断力、表現力』である」と述べられています。また、要約する際には「要約の分量などを考えて要約することが重要である」と述べられています。「図読法」では、25字以内と限定しています。ここで子供たちは熱中します。

V

クライマックスから主題に迫る手立て

～オンラインによる「モチモチの木」の授業記録～

二〇二一年二月二十二日です。今日は小学校、四年生と五年生に「モチモチの木」の図読の授業をやります。あと五分で始まります。今、復習で音読してもらっているところです。

1 音読のスタイル

最後まで読むんだよ、最後まで。読み終わったら座ります。最後まで読んだら座ります。

四人は座って繰り返し読みます。繰り返し読みます。

今、一人座りました。

二人。

三人。

四人。

あと一分にします。あと一分。

四年生も読み終わった人がいますね。あと三十秒にします。

途中だけれど、合格。みんなよく読めたねぇ。座っていいよ。どこまで読めたか聞きますよ。

三の場面まで読めた人。三に入った人。

四。うわぁ、すごい。

五。

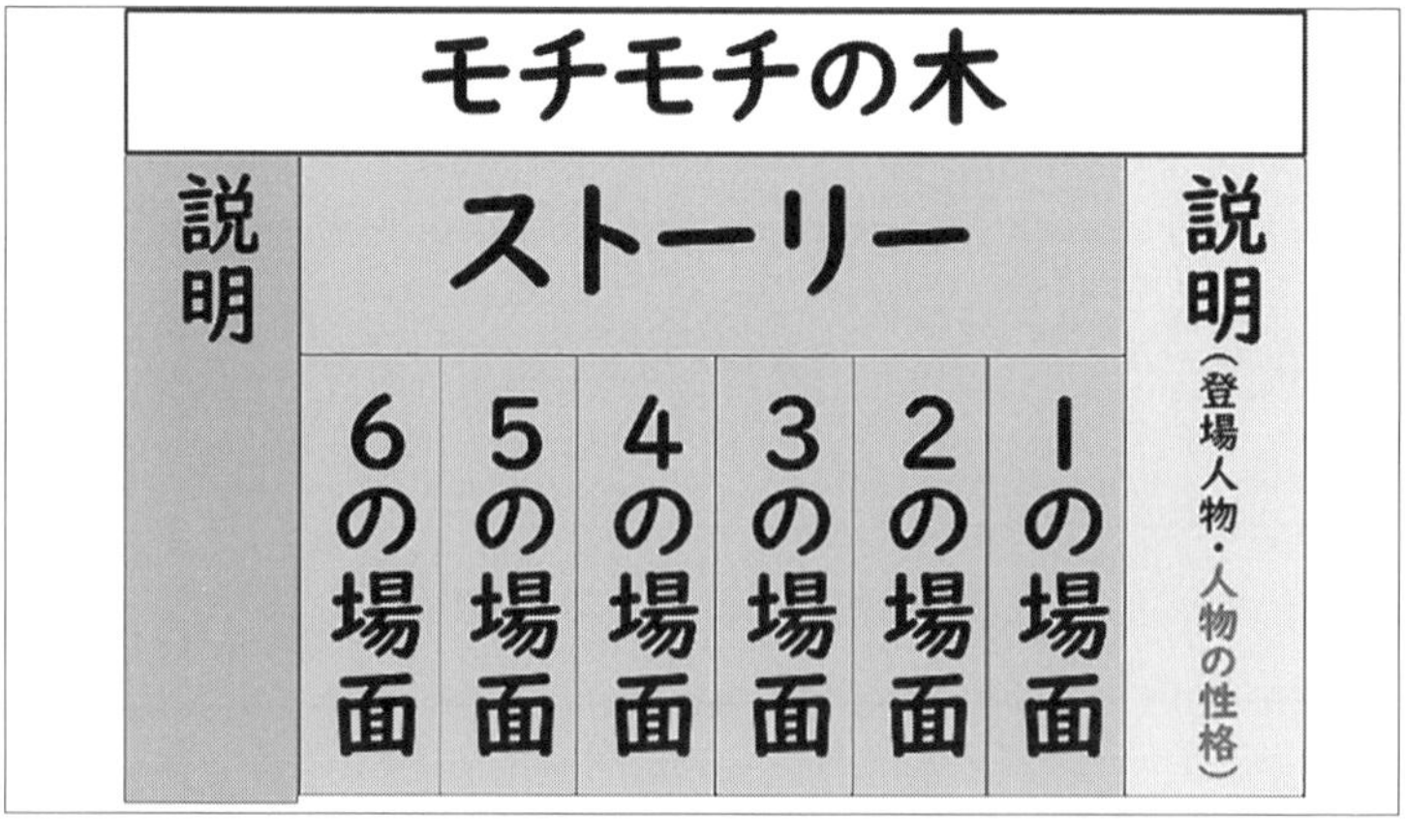
モチモチの木
説明
ストーリー
説明（登場人物・人物の性格）
1の場面
2の場面
3の場面
4の場面
5の場面
6の場面

六。

最後までいった人。はーい、よく頑張りました。四年生も頑張りましたねぇ。素晴らしい。

(チャイム)

四年生、五年生のみなさん、こんにちは。

それでは、今から、「モチモチの木」の勉強をやっていきます。

今日の勉強は、作品全体の構造というのかな、この作品が一番伝えたいことは何だろう、というところまでの勉強を一時間でやります。

それでは、最初に、自分が読みたいと思ったところ、二箇所、それを赤鉛筆で囲んでごらん。時間二十秒。教科書開きながら。どことどこを読みたい？　囲んだ人は起立。赤鉛筆で囲んだ人は起立。説明から六までを。

速い。○○君、もう立ちましたね。

自分が読んでみたい二箇所、囲めたら立ちます。はーい、どこでもいいんですよ。二箇所。

はい、合格です。

はい、あと十秒。

みんな偉いなぁ。自分で決めることが大事だ。
○○君、決めましたか、二箇所。どこでもいいんだよ。
先生が番号言いますから、そこだった人は手を挙げて。最初の説明を読む人、手を挙げて。読みたいという人。

はい、合格。

次、一の場面、読みたい人。はい、合格。

二の場面。いますね。

三の場面。

四の場面。

五の場面。

六の場面。

よし、最後の説明は先生がしますからね。はい、座っていいよ。合格。

では今からね、読んでもらいます。最初の説明を読む人、起立。説明を読む人、起立。はい、両手で持ちます。五年生いませんか？　説明読む人。誰か読んでくれる人？　手を挙げて五年生。その二箇所以外に一つ加わってもいいよ。

おっ！　はい、ありがとう。よし。

じゃあね、説明の人が読み終わったら、次は一の場面の人が立って読んでいきます。一の場面の人が終わったら、二の場面の人が立って読んでいくようにします。では、説明の人いきますよ。よーい、スタート。どうぞ、始め。声に出して読むんだよ。声に出して読むんだよ。「全く臆病なやつは…」から。

四年生の、説明読む人、読んでますか？　読んでたら、手を挙げて。

はい、ＯＫ。どうぞ読んでいって。始め。新幹線読み。

終わったら、一の場面の人、読むんだよ。終わったら一の場面、すぐ立って。一の場面。

そう。次々に読んでいくんだよ。

はい、どうぞ。四年生。聞こえるように。

おお、五年生すごいなあ。スムーズにできた。

すぐ読むんだよ。一の場面。

声を揃えて読んでください。立っている人、声を揃えて読んで。

はい、四年生どうぞ。

はい五年生も声を揃えて読んでください。二の場面からどうぞ。

聞こえるよ。すごいなあ。

はい、四年生、三の場面揃えて読んで。

はい、五年生、揃えて読んでください。三の場面、どうぞ。新幹線読み。一人かな、どうぞYさん。

四年生、座っている人もちゃんと教科書見てますね。えらいよ。

四年生、四の場面どうぞ。揃えて。

はい、五年生、四の場面、揃えて。

すごいな、この子たち。

はい、五の場面どうぞ。揃えて。

はい、四年生。五の場面、揃えて。

四年生、今、何の場面ですか。指で教えて。何の場面、今。

六ね。はい。

四年生終わりましたか。終わったら手を挙げて。はい、じゃあ繰り返しね、五年生頑張っているから読んでおいてください。繰り返し読んでおいて。

最後五年生、六の場面だね。頑張れ。

最後の説明も読んでください、五年生。最後の説明も。どうぞ。

はい、四年生も終わり。スクリーン。五年生、とてもよかったよ。声が揃っていました。

2 「豆太」の人物像

ではみんなね。教科書、見てくださいね。プリント。一ページ目。説明と書いてあるところ、開けてごらん。説明。指置いて。説明に指置く。はい。この説明のところから今から問題を出します。スクリーン。

いくよ。黄色いところ読んでください。さんはい。

合格です。そのとおりです。

さあ、その説明のところに、豆太の人物像が分かるところが四箇所あるんだよ。今からここ、定規で、鉛筆と定規で線引いてもらうから、鉛筆と定規出してごらん。鉛筆と定規。はい、準備できた人、手を挙げる。

速いなあ。作業が速いクラスは力のある学級なんですよ。はい下ろしていい。

では、一緒に読んでみよう。①、さんはい。

はい、教科書から探して見つけた人、手を挙げて。どこに書いてある。見つけたら手を挙げて。おお！　四年生もすごいね。

定規で線を引きなさい。時間三秒。よーい、始め。

一、二。引いたら手を挙げる。はい、そしたらね、みんな①と書いておいて。上に①。その線引いたところ。速かったねえ。

次いくよ。スクリーン。

ほら、動きが止まった。四年生も優秀だなあ。読んでみようか。さんはい。

はい、見つけた人、手を挙げる。

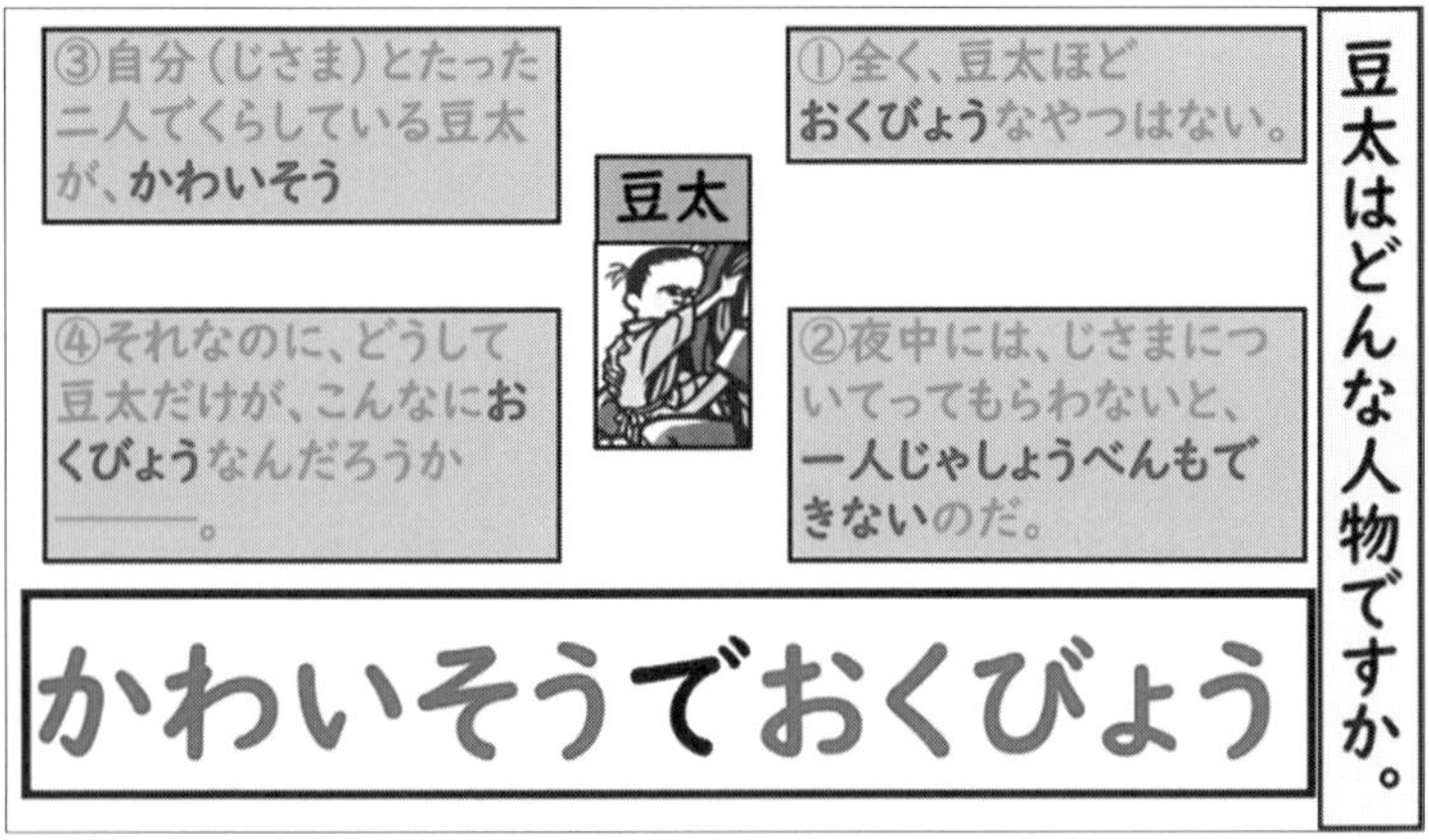
豆太はどんな人物ですか。
①全く、豆太ほどおくびょうなやつはない。
②夜中には、じさまについてってもらわないと、一人じゃしょうべんもできないのだ。
豆太
③自分（じさま）とたった二人でくらしている豆太が、かわいそう
④それなのに、どうして豆太だけが、こんなにおくびょうなんだろうか――。
かわいそうでおくびょう

はい、じゃあ線を引きます。今度は二秒。よーい、スタート。

教科書に線を引いて、②と書きます。引けたら手を挙げてくださいね。

早いなあ。はいありがとう。見えますよ。②と書いてくださいね。合格。

はい、ここまでできた人、起立。

おお！　立ち方が速い。素晴らしい。はい合格です。はい、座っていいよ。座っていいよ。

はい、じゃあ次。スクリーン。

次はここだ。読んでみようか、一緒に。さんはい。

はい、これ途中までなんですよ、見つけて指を置いてごらん。最後の方だな。どこだ？　あった人、手を挙げて。はい。そこに線を引いて、③と書いてください。どうぞ。

豆太の人物像を今確定しているところです。はい、引いたら手を挙げてくださいね。五年生も四年生も、ほぼ同時だね。すごいね。お隣見ていいからね。教えてあげるんだよ。はい、合格。よし、いいぞ。

では最後です。これで終わりだ。スクリーン。読んでみようか。さんはい。

はい、これヒント。一番最後に書いてある。説明の。はい、見つけてごらん。見つけた人、手を挙げる。おお！　速い。はい、線を引く。④と書いて。どうぞ。

線を引いて④と書いた人は、手を挙げてください。今日、何度も手を挙げてもらうからね。確認です。全員挙がるまで先生、見てるからね。
④。大丈夫？　はい、ようし、よく書けた。はい、下ろしていいよ。

3 三の場面の図を作成する

では最初に戻って、みんな。①に戻ってごらん。①。はい、五年生の○○さん立って。○○さん。

これ、どういう矢印かというとね。「豆太」、矢印のはじめの方が主語です。「豆太」が「じさま」に何かをした。そのことをこの三の場面の最初を読むと分かるんだよ。

はい、「豆太」が「じさま」に何をしたのか。

三の場面の最初、ちょっと読んでごらん。始め。

おぉおほほほ。分かった人、起立。すごいねぇー。よし、合格。じゃあね、答え合わせするよ。

みんな画面見て、スクリーン。先生の答えはこうです。この赤いところ、「しがみつこうとした」ここだった人、手を挙げてごらん。

はい、ではね、まだよ。ここに、「①しがみつこうとした」と鉛筆で書いたら座ります。はい、書いてごらん。「①しがみつこうとした」と書いたら座ります。周りの四角は書かなくていいです。「①しがみつこうとした」と書いたら座ります。

うわぁー、先生、もう楽しいなぁー。今日の勉強、みんな速いなぁー。

子供：①しがみつこうとした。

はい、○○君、合格。よし、合格。

3の場面

豆太は、真夜中に、ひょっと目をさました。頭の上で、くまのうなり声が聞こえたからだ。

「じさまぁっ。」

むちゅうでじさまにしがみつこうとしたが、じさまはいない。

「ま、豆太、心配すんな。じさまは、じさまは、ちょっとはらがいてえだけだ。」

まくら元で、くまみたいに体を丸めてうなっていたのは、じさまだった。

「じさまっ。」

こわくて、びっくらして、豆太はじさまにとびついた。けれども、じさまは、ころりとたたみに転げると、歯を食いしばって、ますますすごくうなるだけだ。

図読の方法

①登場人物を書く。
②矢印を書く。
③言動を書く。
④ ②③を繰り返す。

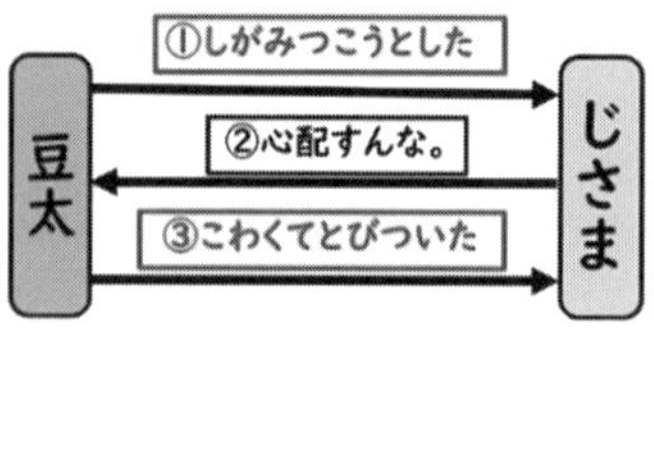

次、いくよ。

次の矢印はね、真ん中付近に「じさま」から「豆太」に向けて矢印を引いてください。「じさま」から「豆太」に向けて矢印を引きます。

今度はね、「じさま」が「豆太」に何か言ったりしたか、行動してるんですよ。はい、下ろしていいよ。

では、みんなね、真ん中あたりを読んで。「じさま」が「豆太」に何か言ってるところあるんだよ。見つけた人、起立。

んぅふふふふ。もう、読まないで分かってるな。はい、じゃあ、みんなに聞いてみよう。何を、何て言ったんですか。

正解。はい、じゃあみんなスクリーン。見て、答え合わせ。

ここにね、「②心配すんな」と書いたら座ります。始め。

みんな、すごいなぁー。書いたら、座ります。はーい、合格。よーし、いいぞ。素晴らしい。はい、よし、すごいねー。
○○君、合格です。
では、見てくださいね。次いくよ。さぁ、最後だ。これ、最後。

今度は、また、「豆太」から「じさま」に矢印を引いてください。引いた人、手を挙げるんだよ。

はぁーい、四年生速くなったねぇー。まだ二十分だけどね、びっくりした。五年生、相変わらず速い。下ろしていいよ。

じゃあね、今度は「豆太」が「じさま」に何かをしたんですよ。さぁ、ヒント。スクリーン、スクリーン、ここだ。読んでごらん。③、さんはい。

はい、書いてください。「③こわくてとびついた」と書きます。「豆太」が「じさま」に「こわくてとびついた」んだ。

ここまで書いてください。はい、書いたら手を挙げるんだよ。

大和小の四年生・五年生すごいねー。普段の勉強がよくわかりますよー。はい、下ろしていい。

じゃあね、ここからが大事。みんな、スクリーン見て。

このね、図にかいたものを見ながら、この三の場面のあらすじを言うことができるんですよ。全員にやってもらうから。今から先生がやってみせます。番号順にいきます。いくよ。「豆太がじさまにしがみつこうとした」。はい、ここまで一緒に言ってみようか。「豆太が」から、さんはい。自分のプリントを見ながら、「豆太」にまず指を置いてごらん。はい、そして「豆太」から「じさま」に指動かしながら言ってごらん。さんはい。

言えた人、手を挙げて。

よし、ちょっと聞いてみよう。〇〇君立って。〇〇君、五年生にも聞こえるように言ってください。どうぞ。

合格です、みんな拍手。五年生も拍手してあげて。素晴らしい、合格。

では、みんな聞いて、二番いくよ。

今度は、スクリーン。「じさまが豆太に心配すんなと言った」。全員で言ってみようか、さんはい。

正解。

最後。「豆太がじさまにこわくてとびついた」。はい。これで、三の場面のあらすじ終わりなんだよ。

はい、全員起立。

はい、プリントに指置いて。まず、「豆太」から、指を動かしながら全部言った人は座ります。よーい、始め。

合格です。すごいねー。

〇〇君、発表してください、立って。〇〇君、五年生、どうぞ。拍手。素晴らしい、合格です、ＯＫ。

4 三の場面を要約する

じゃあ、みんなスクリーン見て。これはね、三の場面を要約します。「腹痛」、おなかが痛かったんだ。腹痛でうなる「じさま」に、さあ、この中には①から③の、どの言葉が入るかな。指で番号出して。何番が入る？

そう、三番だね。三番を入れて読んでみようか。さんはい。「腹痛で」から。

正解です。

5 「豆太」の行動が変わった場面

これをね、全部並べたのがこれなんだよ。もう一枚のプリント出してごらん。もう一枚のプリント。

さぁ、ここから「主題」までいきますよ。はい、みんな一の場面に指置いて、一の場面。一の場面、そう。

はい、この図を見ながら、自分で言ってごらん。お話を作ってごらん、始め。

「豆太」が、「豆太は、一人でしょうべんもいけないい」。

合格。

はい、二の場面やってごらん。

はい、三の場面もやったか？　下にいくよ。

四の場面に指を置いて。お話ししてごらん。はい。四の場面、どうぞ。

はい。五の場面。

六の場面。

合格です。こういうようにやるんだよ。

次いくよ。黄色いところ、五年生、読んでください。豆太の行動、さんはい。

はい。この行動のところ、四年生見て、スクリーン。ここ、一からずっと見

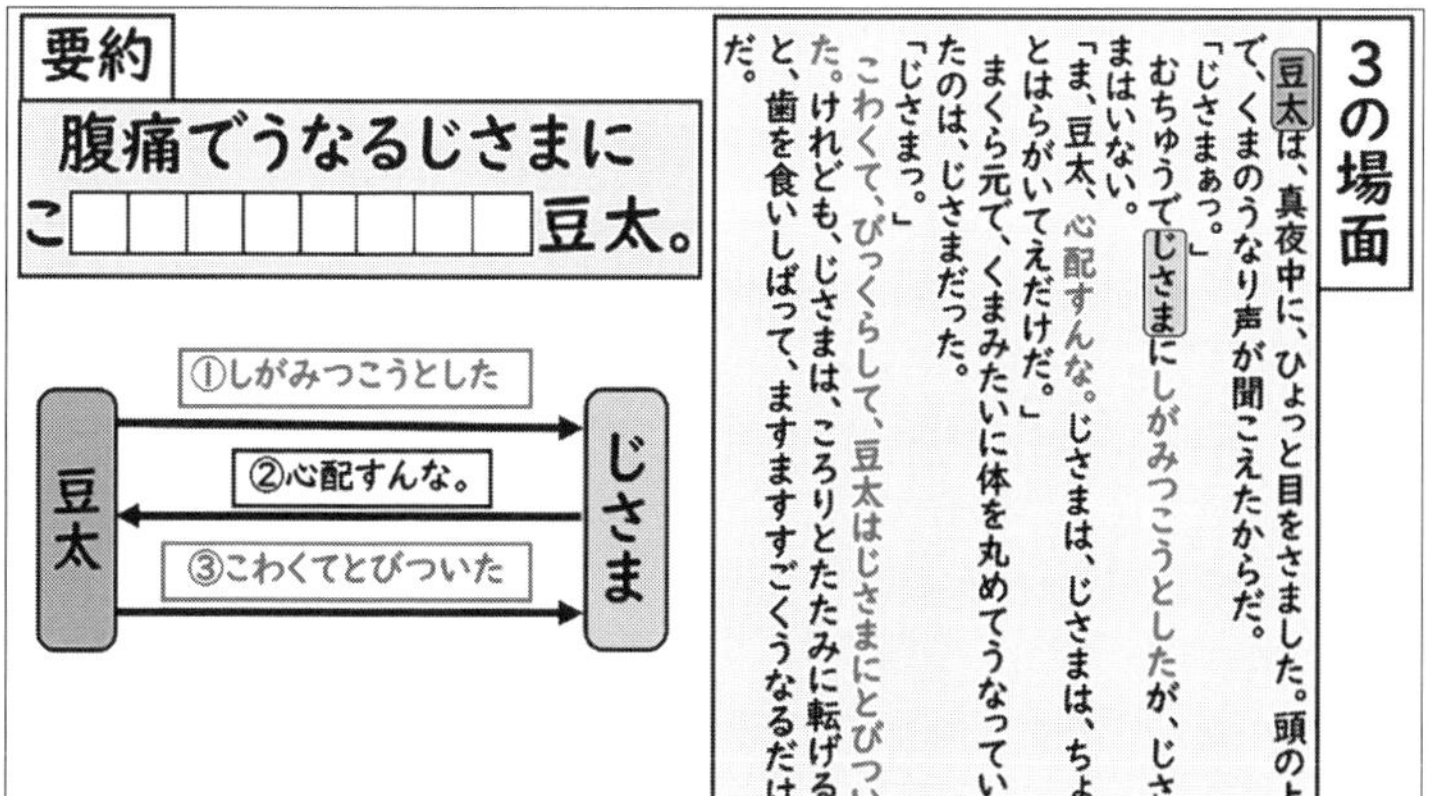
3の場面
豆太は、真夜中に、ひょっと目をさました。頭の上で、くまのうなり声が聞こえたからだ。

「じさまぁっ。」

むちゅうでじさまにしがみつこうとしたが、じさまはいない。

「ま、豆太、心配すんな。じさまは、じさまは、ちょっとはらがいてえだけだ。」

まくら元で、くまみたいに体を丸めてうなっていたのは、じさまだった。

「じさまっ。」

こわくて、びっくらして、豆太はじさまにとびついた。けれども、じさまは、ころりとたたみに転げると、歯を食いしばって、ますますすごくうなるだけだ。

要約
腹痛でうなるじさまにこ□□□□□□□□豆太。

豆太
じさま
①しがみつこうとした
②心配すんな。
③こわくてとびついた

ていくと、何の場面で、豆太の行動がガラッと変わったかが分かるよね。さあ、何の場面かよく見てごらん。何の場面で変わったのかな。顔の横に指を出して。何の場面。四年生も五年生も出して。

はい、手を下ろして。一緒に聞くから、手を挙げて。

一の場面だと思う人、いないよね。

二？

三？

すごいなあー。

四。正解です。四の場面で変わったんだよ。

はい、最初に「よびにいく」を読んでみようか。さんはい。「豆太が、医者様をよびにいく」。さんはい。

そう。それまでは、ずっと怖がっていたんだものね。それを一人でよびに行けたから、行動がガラッと変わったのは四。正解。

6 クライマックスの一文

次いくよ。五年生読んで。さんはい。

四年生、五年生のように読んでごらん。さんはい。

この要約のところ、上の要約のところだけ見ると、モチモチの木の見え方がガラッと変わったところが何場面か分かります。ちょっと見てごらん。要約の

豆太の行動が変わったのは何場面か。
1の場面
昼はいばっているのに、夜は一人でトイレに行けない豆太
豆太
じさま
①一人でしょうべんに行けない。
②しょうべんに連れていく。
豆太：おくびょう
2の場面
モチモチの木に灯がともるのを見るのをあきらめた豆太。
豆太
じさま
①モチモチの木を見ろ。
②あきらめる。
豆太：おくびょう
3の場面
腹痛でうなるじさまにこわくてとびついた豆太。
豆太
じさま
①しがみつこうとした。
②心配すんな。
③こわくてとびついた。
豆太：おくびょう
4の場面
はだしで半道もあるふもとまで医者をよびに行った豆太。
豆太
医者
①よびにいく。
豆太：勇気がある
5の場面
モチモチの木に灯がともるのを見た豆太。
豆太
医者
①相手にしなかった。
②手伝った。
豆太：勇気がある
6の場面
じさまに勇気があると認められた豆太。
豆太
じさま
①勇気があるとみとめる。
豆太：勇気がある

ところだけ読んでごらん。はい、指出して。何の場面ですか。はい、じゃあ、聞きます、手を挙げてよ。

一？

二？

三？

四？

五？

正解です。すごいね。全員、五の場面を赤鉛筆で囲みます。定規を使って。よーい、始め。

みんな、優秀だね。五の場面で、ガラッと変わっているんだね。そのとおりです。はい、囲んだら、手を挙げますよ。はい、上出来だ。上出来です。下ろしていいよ。

じゃあ、みんな、スクリーンを見て。ガラッと見え方が変わったところを何というか。みんなで言うよ。さんはい。

クライマックスというんだよ。クライマックス。五の場面の一部分出しましたよ。読んだら座ります。全員起立。読んで。スクリーン見て。どうぞ。「とちゅうで」から。

（音読が続く）

よし。問題読んでくれるかな。この薄い緑のところ。クライマックスから、

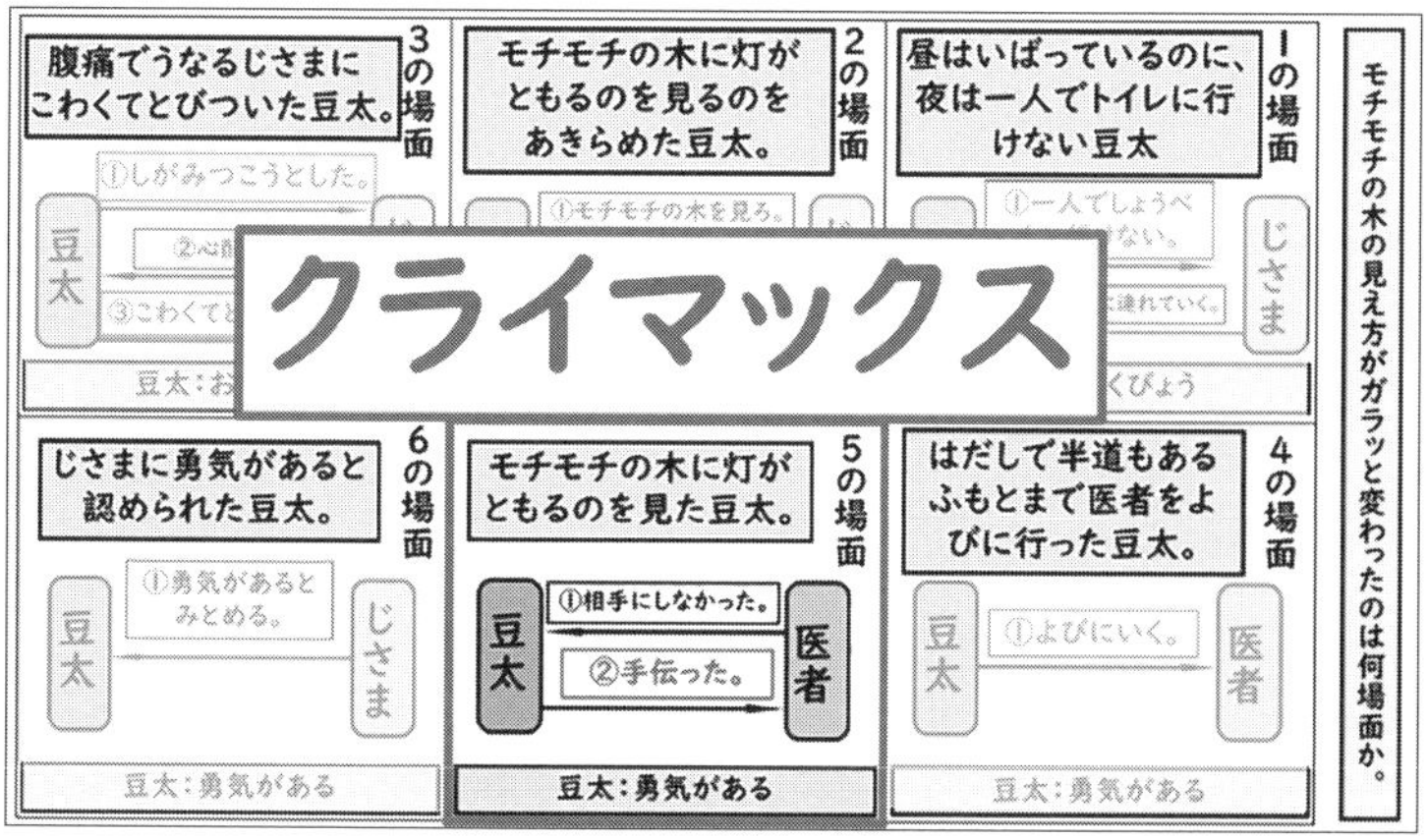
モチモチの木の見え方がガラッと変わったのは何場面か。
1の場面
昼はいばっているのに、夜は一人でトイレに行けない豆太
じさま
2の場面
モチモチの木に灯がともるのを見るのをあきらめた豆太。
①モチモチの木を見ろ。
3の場面
腹痛でうなるじさまにこわくてとびついた豆太。
①しがみつこうとした。
豆太
クライマックス
4の場面
はだしで半道もあるふもとまで医者をよびに行った豆太。
豆太
①よびにいく。
医者
豆太：勇気がある
5の場面
モチモチの木に灯がともるのを見た豆太。
豆太
①相手にしなかった。
②手伝った。
医者
豆太：勇気がある
6の場面
じさまに勇気があると認められた豆太。
豆太
①勇気があるとみとめる。
じさま
豆太：勇気がある

さんはい。

クライマックスというのは、ある一文の前と後で豆太の考え方がガラッと変わるところなんだよ。さあ、この中のどの一文で豆太の行動がガラッと変わっているか。探してごらん。さあ、分かった人は起立。どの一文だ。このスクリーンの中のどの一文だと思う。モチモチの木の見え方が、ガラッと変わった一文がある。

あー、見つけたな。よし。じゃあ、聞いてみるよ。四年生、その一文言ってごらん。

あー、四年生は、「モチモチの木に灯がついている！」がクライマックスの一文だと言った。

五年生は、さんはい。

正解です。では、教科書、どこに書いてあるか、探してごらん。教科書の五の場面。座っていいよ。座っていいよ。

はい、見つけた人、手を挙げて。教科書のどこに書いてある？

五年生が速かった。すごいね。

はい。それを赤鉛筆で囲みなさい。赤鉛筆で囲みなさい。絵がいっぱいかいてあるところだよね。

はい、その中、一文だけ書いてある。たった一文だけ書いてある。それがクライマックスだ。そのとおりなんだ。囲んだ人、前向いて。スクリーン。クラ

クライマックスは、どの一文ですか。

五場面

とちゅうで、月が出てるのに、雪がふり始めた。この冬はじめての雪だ。豆田は、そいつをねんねこの中から見た。

そして医者様のこしを、足でドンドンけとばした。じさまが、なんだか、死んでしまいそうな気がしたからな。

豆田は、小屋へ入るとき、もう一つふしぎなものを見た。

「モチモチの木に灯がついている！」

けれど、医者様は、

「あ。ほんとだ。まるで灯がついたようだ。だどもあれは、トチの木の後ろに、ちょうど月が出てきて、えだの間に星が光ってるんだ。そこに雪がふってるから、明かりがついたように見えるんだべ。」

イマックスまで分かりました。

7 主題を検討する

はい、じゃあ次いくよ。スクリーン見て。豆太の人物像が書いてあるところが、この青いところなんだよ。大きくするよ。最初はどういう豆太でしたか。人物像は。読んでごらん、さんはい。

それが、どう変わりましたか。

そう。臆病だった豆太が勇気のある豆太に変わることを何というんだろうね。分かる人。おお、五年生言ってごらん、さんはい。

そのとおり。では、最後の問題。

これが主題です。五年生。○○さん立って。黄色いところ読んでください。

はい。合格。

主題というのは、この「モチモチの木」という作品がみんなに伝えたいこと。豆太の成長ということを伝えたいのか。豆太の勇気ということを伝えたいのか。プリントの空いているところに、成長か勇気、どちらか書いてごらん。どこでもいい、プリントの空いているところ。書いた人は立ちます。

はい、○○君、立ちました。

○○さんも立ちました。

四年生、一緒に立ってるなあ。はい。

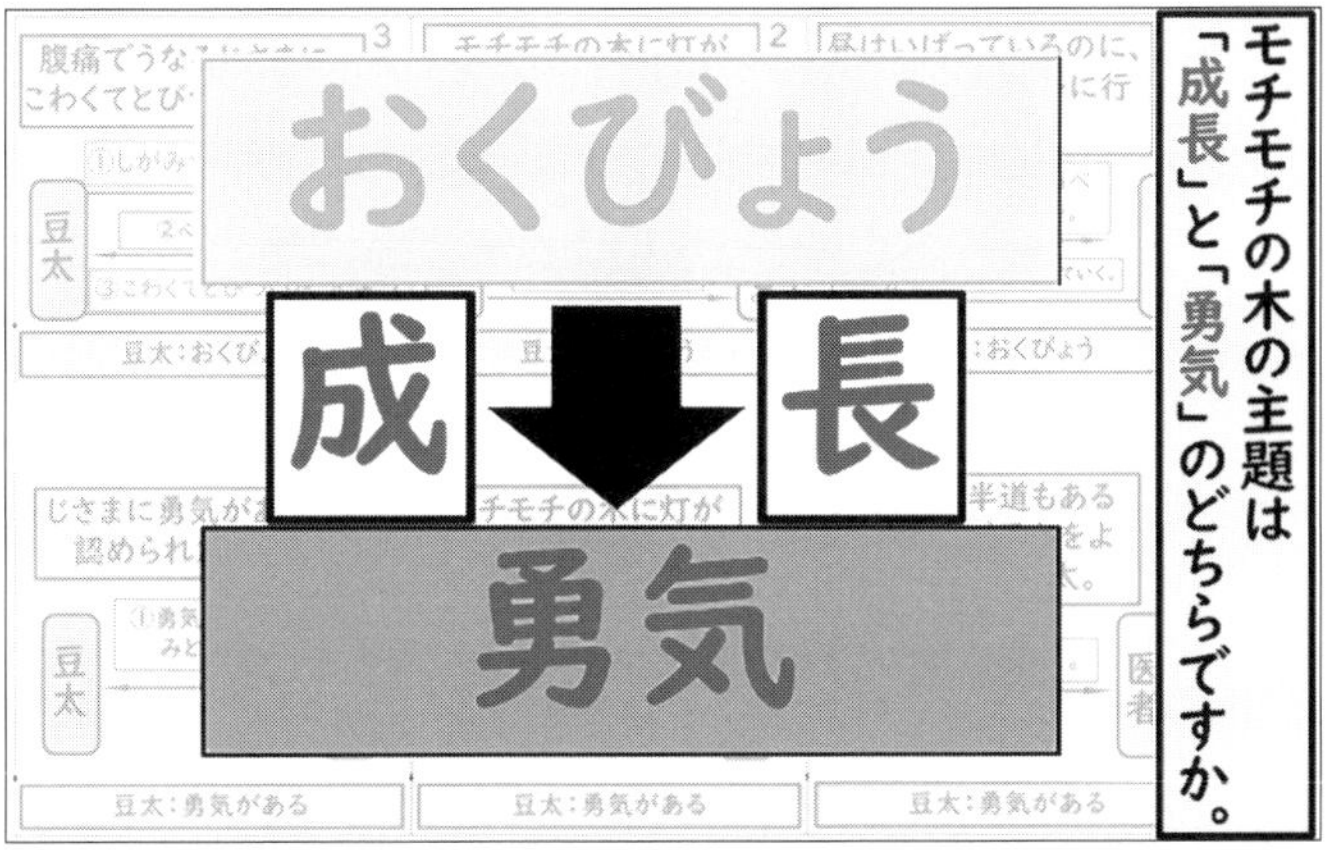

コラム 3

GIGAスクール構想による、1人1台端末時代の到来

GIGAスクール構想によって1人1台端末の時代となりました。

目指すところは、「クラウド」による学習です。いつでも、どこでも、誰とでも学習が可能になるということです。学校だけでなく、家庭でも、土日でも長期休業中も、クラウドによって協働学習が可能になります。これが、これからの学び方のイメージです。

では、「図読法」はGIGAスクール構想に対応できるのでしょうか。

すでに、実践がスタートしています。島根県の中川貴如先生は、各場面を図に表すためのパーツ（登場人物を書く枠、矢印）を子供たちの端末に配信しています。それを基に子供たちは自分で各場面の図を作成しています。登場人物を入力したり、言動を入力したりするのです。このようにして作成した図をグループで検討したり、グループで図に表す場面を分担する学習を実践されています。

子供たちは、学校での授業以外でも自宅でも図の作成が可能ですし、グループ間の情報交換も自宅で可能となります。各自が作成した図に対してグループでコメントをすることで、協働的な学びが実現しています。子供たちからは、消しゴムを使わなくていい、何度も修正ができる、とても綺麗な図になる、などの声が聞かれたということです。

「図読法」は、図のシンプルさ、美しさも学習意欲につながる重要な観点だと考えています。そのような意味でも1人1台端末での協働学習は、大きな可能性を秘めていると考えられます。

高学年になるとタブレット上で自分で図を作成することが可能となります。図に完成形はありません。登場人物のどの言動を選択するかという学習自体が読解力の育成となるのです。

Ⅵ

「言葉の言い換え」を通して育つ言語感覚・語彙力

～対面による「大造じいさんとガン」の授業記録～

「大造じいさんとガン」（図読法）授業記録
二〇二一年六月二十二日（火）第六学年

これ、画面、見える人、手を挙げて。見える人、手を挙げて。見えるね。みなさん、こんにちは。

（一人ずつ名前を呼び挨拶を交わす）

ちゃんと返事できますね。いい六年生だなあ。

何分からだっけ。四十五分からだったら何分までかな。四十五分から三十分まででいいんですね。分かりました。ありがとうございます。

はい、じゃあ全員起立。

今から言うものを出してもらいますから。筆箱開けて。鉛筆を一本出して見せてください。止めて見せる。鉛筆一本。芯を見せる。芯を。

じゃあ授業の解説もやりますからね。先生方ね。なぜこれ見せてるかというと、鉛筆の長さを見てるわけです。アセスメントするわけです。

はい下ろして。

次。それちゃんと置いて、机の上の方に。赤鉛筆かな？　赤ボールペンかな？　どっち？

子供：赤ボールペンです。

赤ボールペン、どっちでもいい。持ってるもん出して。上で止めます。数えます。先生の指が通過したら持ってるということ。通過したら下ろしていいから。なかったら担任の先生、貸してあげてくださいね。

はいＯＫ。下ろしていいです。

次、消しゴム。

一人残らず全員やってもらうから。大丈夫？　持ってる？

子供：どっかいきました。

いいよ、いいよ。貸してもらえるよ。

ほら、こうやって分かるんですよ。

はい、合格。下ろしていいよ。

えーと定規。最後、定規。僕が何を見ているかというと、透明なのを使っているところを見ます。

子供：汚いです。

はい見せて。はっ、はっ、はっ。ちょっとぐらいいいよ。大丈夫だよ。おおっ、いいなあこのクラス。以上、揃った人は座る。筆箱は机の中にしまう。三秒、二、一。しまったら手を挙げる。数えます。しまったら手を挙げる。はい。手を。速く。大丈夫かな。よし。下ろしていいよ。合格。

はい。それでは、今日はね、みんなと一緒に一時間だけお勉強します。先生の名前知ってますか？　はい。先生の名前は椿原といいます。言ってごらん。

子供：つばきはら。

子供：つばきはらせんせい（バラバラ）。

先生と言わないと。

（笑いが起こる）

椿原先生、言ってごらん。

子供：つばきはらせんせい（声が揃う）。

漢字で書くと木偏に春。はい指上げて、手挙げて。はい木偏に春。一、二、三と書いてみて。一、二、三、四、五、六。言ってない人がいるからもう一回。

子供：一、二、三、四、五、六、七、八、九、十、十一、十二、十三（声が揃い、大きくなる）。

教師はね。鏡で書けなきゃいけないです。鏡でね。これとても大事なことなんですよ。

よし、合格。

椿原の原、原っぱの原。

子供：一、二、三…。

空書きができるクラスはいい学級です。担任の先生が頑張ってるの、すぐ分かる。

先生ね、日本中で小学校から高校まで二百の学級でこうして授業してきてる。だから、もうみんなのね、目を見てると分かります。やる気は。やる気は目と背中で出す。

（急に児童の背筋が伸びる）

急に変えても…はっはっは。分かりやすいね。とてもいい。やる気は目と背中なんだ。ここ、ここも見えるんだよ。だから先生方、後ろから見えるんだよ。四十五分間、しっかり勉強しようね。

子供：はい。

はい。それじゃあね。今日はみんなが五年生の時に勉強した「大造じいさんとガン」。覚えてる人？

子供：はい。

手の挙げ方を見る。六年生は学校の代表なんだ。全てを一流でやってください。下ろしていい。

はい。この勉強をね、やりますけども、先生が新しく物語の勉強の仕方を開発したので、それを今日初めて、日本で初めてここでやります。一時間だけね。一時間だけ。「大造じいさんとガン」の最初の場面だけね、やってみたいと思います。

1 一の場面の音読

さあそれでは、えーとね、一の場面て書いてあるの開けて。プリント一の場面。教科書プリントあるよね。

さっと出す。そう。

はい、一に指を置いて。一と書いてあるでしょ。指置いてごらん。

指を置かせるから全員こっちから分かります。どの子が置いているかどうか。

（チャイムが鳴る）

もう一回いくよ。

はい、次。

ページ言ってごらん。どこまでが一ですか？

そうそう、その二と書いてある。その前までが、一の場面だ。いい？　今日、そこだけを勉強します。

全員起立。

速い！　速い！　一の場面を両手で持って読んだら座る。始め！

（約一分三十秒後、児童が座り始める）

座っても繰り返し読む。休憩なし。

やめ。最後まで読めた人、手を挙げて。数えるよ。一人残らずやるのが授業。

よし下ろしていい。全員読めました。Ｊちゃん頑張ったね。

はい、次いきますよ。

2 一の場面を図に表す

では、ここに書いていきます。今日やるのは図読というやり方。先生が①って言ったら書いてあるとおりに素早く読む。新幹線読み。「登場人物」。このくらいのスピードで読む。いくよ。図読の方法①。

子供：登場人物。

言った人、手を挙げて。最初が重要。合格。②。

子供：矢印。

③。言動と読むんだ。はい③。

子供：言動。

言ったことやしたこと。分かるよな。言ったことやしたこと、行動の「動」なんだ。④。

子供：二、三を繰り返す。

「まるに、まるさんを繰り返す」と読みます。正確に。④。

子供：②③を繰り返す。

はい。これを繰り返す勉強を言われたわけだ。とっても簡単です。

じゃあいくよ。一の場面です。今日やるのはね。はい。一の場面読んでもらいました。さあ図読。これだ。

いいかい。はい、定規出して、鉛筆出して。

速い。定規と鉛筆。さあ、これにね、今から矢印書いてもらうから。

まず、登場人物書きました。はい。登場人物をここで読んでもらうよ。はい、これは？

第1場面の図読	
図読の方法	①登場人物を書く。　②矢印を書く。 ③言動を書く。　④ ②③を繰り返す。

子供：じいさん。

じいさん。こちらは？

子供：残雪。

これは？

子供：ガン。

ガン。そのとおりです。

さあよく見て。注目。「画面」と言ったら、手に持ってるもの下ろす。足の裏をピタッとつける。動きを止める。これが学習規律。

いいかい、ここ見て。いくよ。さあ、どっからどこに矢印が行くか？ 今、登場人物書いたか、二番矢印。どこからどこに矢印を引いたか。言ってごらん。どこからどこと言ってごらん。はい。

子供：残雪からガン。

正解です。ねっ。はい、定規使って、矢印書いて。二秒。よーい、一、二。

終わった人？ 速い！ 速い子は賢くなる可能性が高い。

矢印書いたらだよ矢印、ガンの方にね。はい、お隣と確認。矢印がついてるかどうか。はい、ついてたら正面ぱっと向く。

オー速いな。ここの六年生すごいね。優秀。

はい、二番の矢印を書いた。次、三番は何だ？ ③は？

子供：言動を書く。

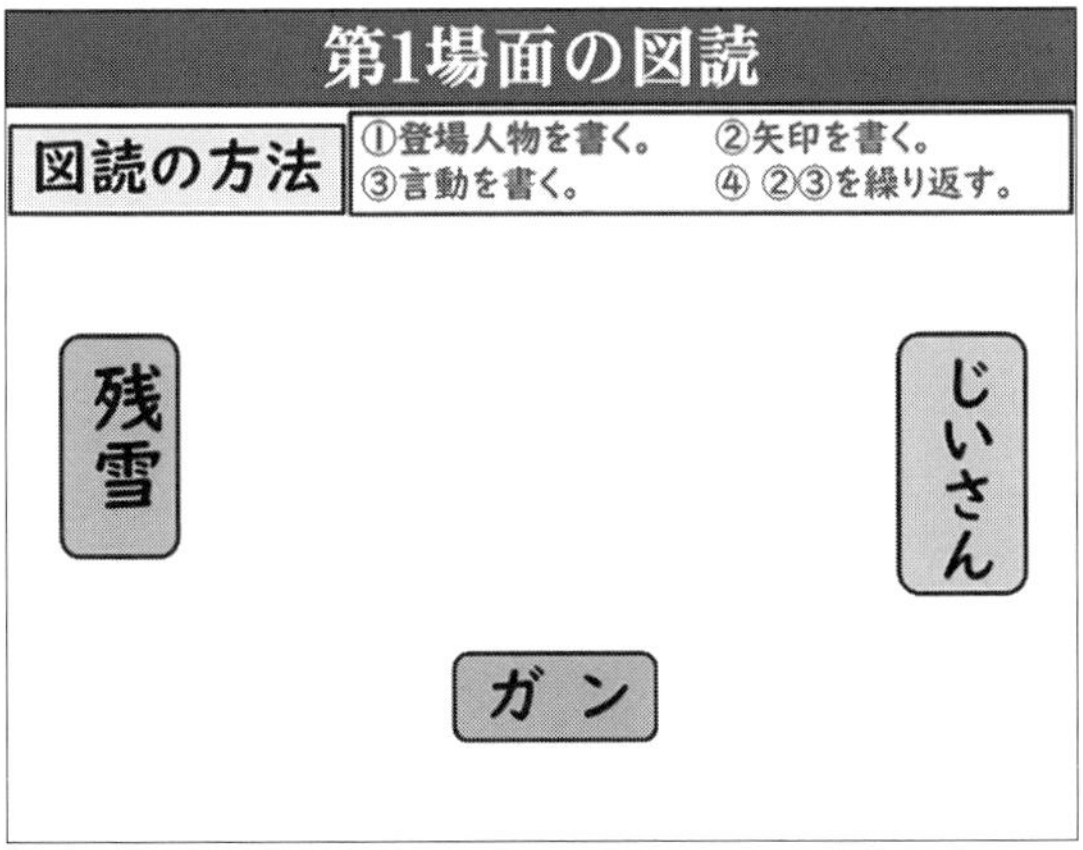
第1場面の図読
図読の方法
①登場人物を書く。
②矢印を書く。
③言動を書く。
④ ②③を繰り返す。
残雪
じいさん
ガン

言動を書く。いいかい。この矢印はどういう意味かというと、こちらが主語。一年生、小学一年生で学習する主語。これができない中学生もいっぱいいる。

いくよ。残雪はガンにあることをした、あることを言った、というふうになるわけだ。だから矢印のスタートが主語。どっちが主語？

子供：残雪。

正解。今、言った人、手を挙げて。反応はね、重視しますからね。

よし、下ろしていい。いくよ。

はい、主語はどっち？

子供：残雪。

答えるときは「です」をつける。

いいか？　主語はどっち？

子供：残雪です。

それがいいクラス。ねっ。合格。

じゃあ次、三番ね。言動を書くんだよ。ヒント①、書いちゃダメだぞ、まだ。①ぬま地に、丸、小さな丸、丸、丸、丸、丸、と書いてある。さあ、残雪は、ガンを連れてぬま地にどうしたのかい？　教科書見て探してごらん。見つけた人、起立。最初の方に書いてあるぞ。

ほら！　ほら！　ほら！　ほら！　すごいなあ。この六年生優秀！　すごい

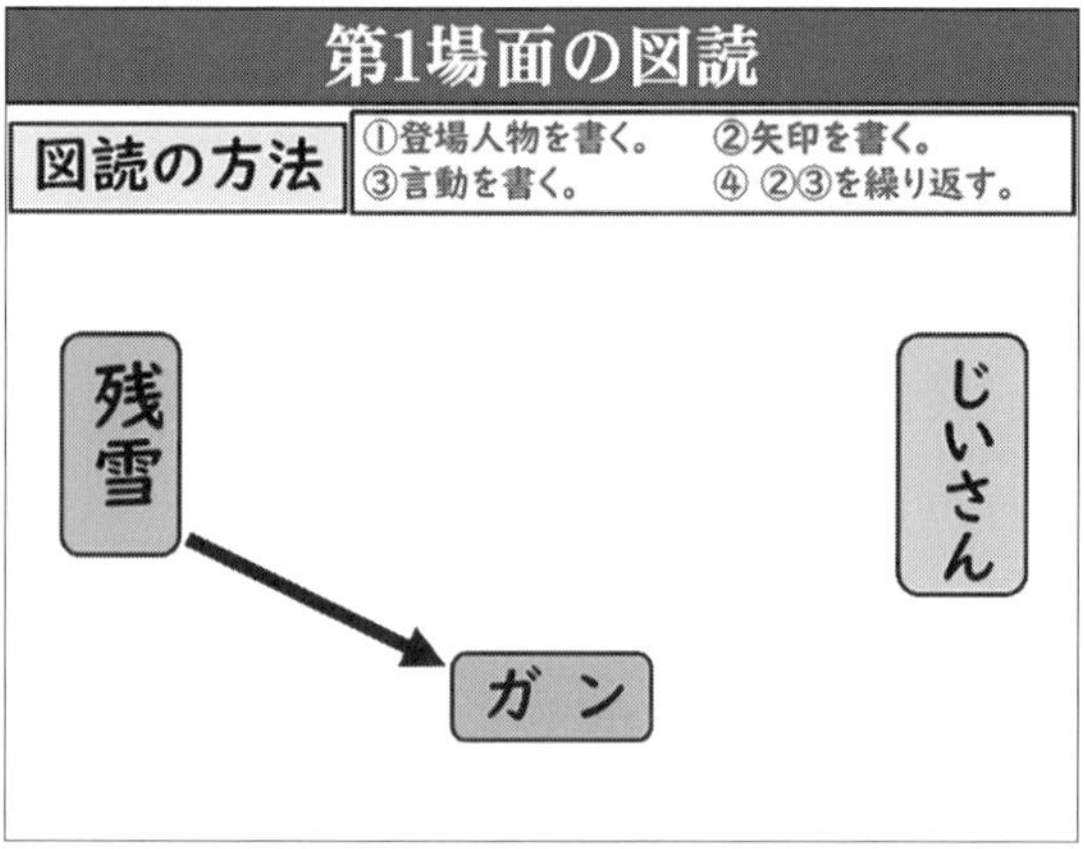

第1場面の図読
図読の方法
①登場人物を書く。
②矢印を書く。
③言動を書く。
④ ②③を繰り返す。
残雪
じいさん
ガン

ね！

ちょっとお隣同士で言ってみて。これじゃない？ って。指置いてごらん。これじゃないって。同じだったら座る。

おおっ！ 同じだったら。違ったら相談すればいいんだよ。ねえ、そうそう。

よーし。じゃあ、みんなで言ってもらうよ。ぬま地、①ぬま地に何とかと言ってください。さんはい。

子供：ぬま地にやってきた。

正解です（小声）。

見てみよう。はい、ここに赤鉛筆で、丸で囲む。ボールペンでもいい。丸で囲んで「ぬま地にやってきた」と書いてあるところ、赤鉛筆。そのとおり。よく分かったねえ。優秀です。

でも教科書にはみんな、何と書いてある？ 正確に読んでごらん。

子供：ぬま地にやってきました。

「やってきました」と書いてあるよね。そしてここでは、ぬま地にやってきた（児童と一緒に「きた」と言う）。微妙に言葉を短くするわけだ。言葉を言い換えることが語彙力。これが全国学力テストで毎年出てんの。記述問題。他の言葉に言い換える力ってのはね。とっても重要。

いいかい。はい、それじゃあ今から、これ書いてもらうからよく見てて。こ

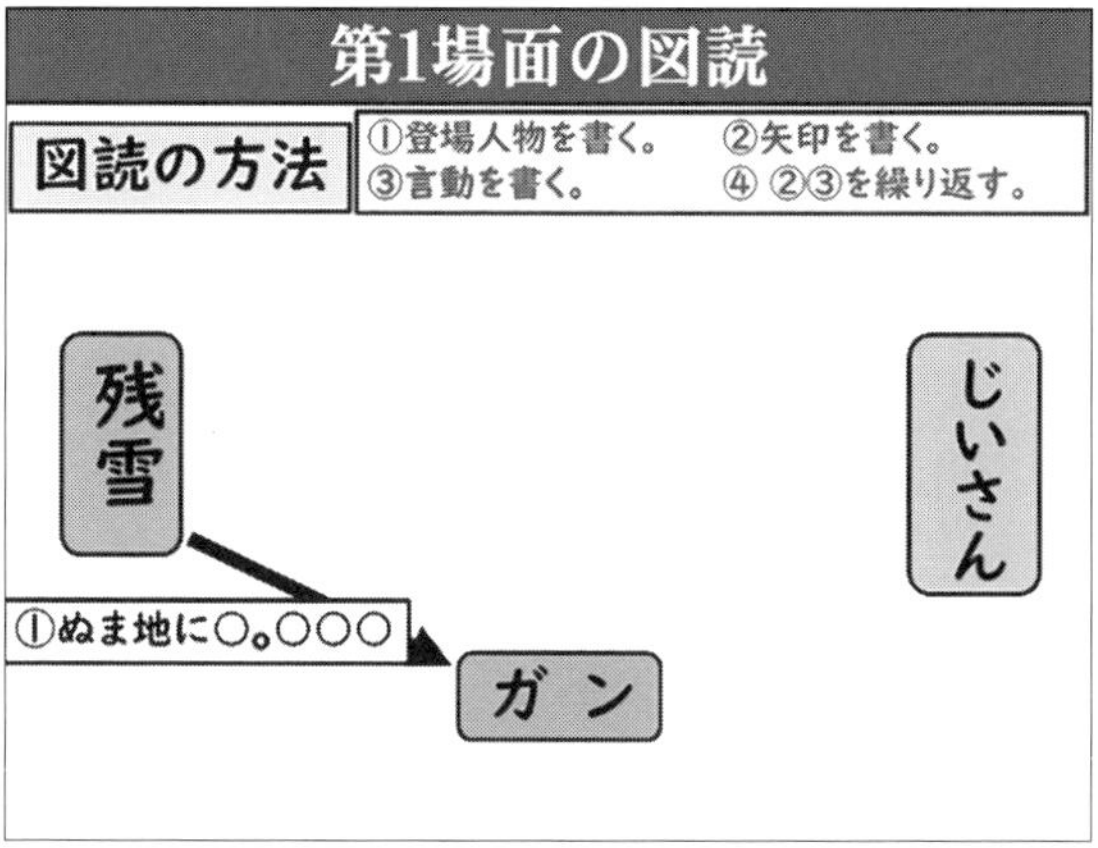
第1場面の図読
図読の方法
①登場人物を書く。
②矢印を書く。
③言動を書く。
④ ②③を繰り返す。
残雪
じいさん
①ぬま地に○。○○○
ガン

の重要なのが番号なんだ。「①ぬま地にやってきた」周りの四角は書かなくていい。

はい、じゃあ質問。周りの四角は書くんですか、書かないんですか。

子供：書かない。

です。

子供：です。

そう。よし。

じゃあ十秒。よーい。まだよ。鉛筆持って。持つだけ。スタートラインを揃えます。スタートライン揃える。持ったかどうか確認するから。では、よーい、スタート。

丁寧に。終わったらね、さっと見せてください。

すごいね。雑に書いたら書き直しだからね。今から見て回ります。名前言われた人は書き直し。ここは全員チェックします。

合格。番号書いてるね。ここは全員チェックします。

すごい。字がしっかりしてる。

みんな優秀だ。普段の勉強がいいんだ。担任の先生と頑張ってる証拠。

はい、いいよ。今書いている途中の人が一人。

そこ、丸をつけてませんよ。最後の丸はついてない。消して。

はい、合格。よし、よし、いいでしょう。よくできた！

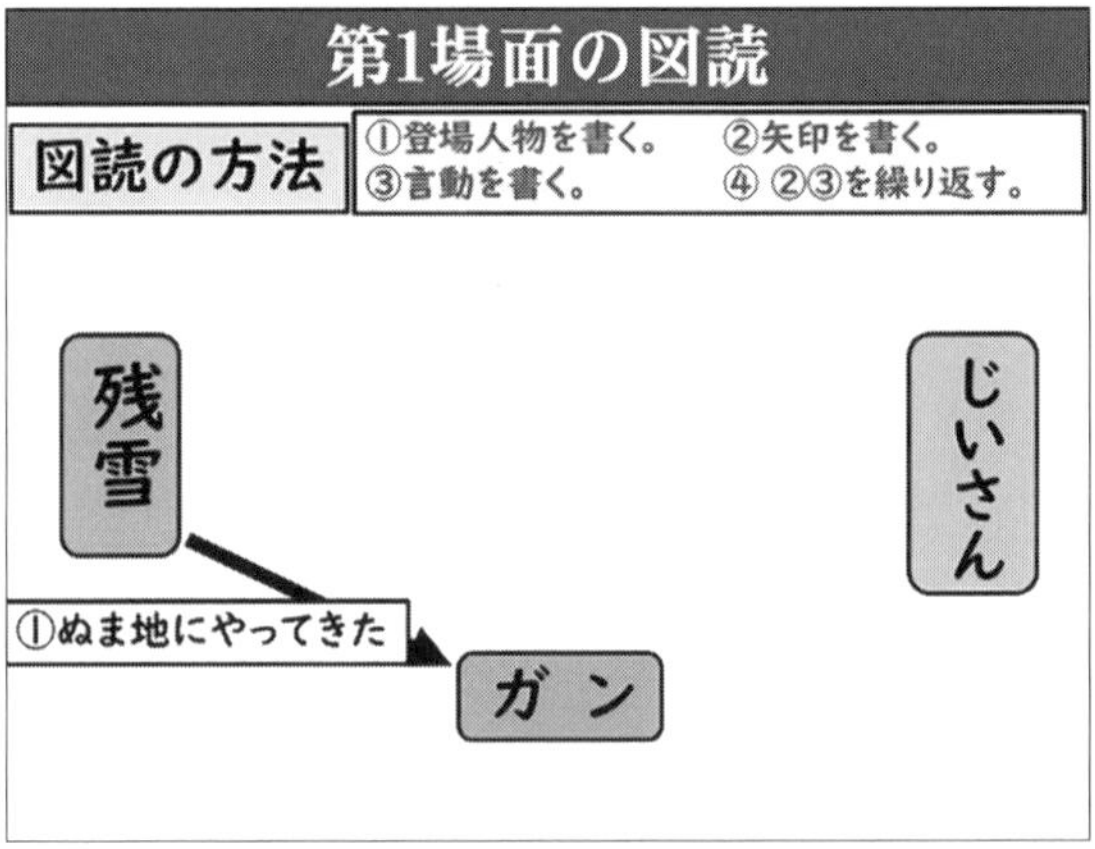
第1場面の図読
図読の方法
①登場人物を書く。
②矢印を書く。
③言動を書く。
④ ②③を繰り返す。
残雪
じいさん
①ぬま地にやってきた
ガン

最初はね。こうやって、しっかり見てあげると、あとはすっと動くんですよ。子供はね、優秀です。

はい、次いくよ。さあ。画面見て。はい、持ってるものも置いて。いくよ。

はい、ここだ。これも同じなんだよ。主語は誰？

子供：残雪。

子供：です。

子供：残雪です。

いいねえ。主語は誰？

子供：残雪です（揃う）。

そう。残雪が人間を…六文字。はい、探して。教科書。見つけたら起立。

ほらー。すごいね。はい。お隣同士で合わせてごらん。

もうできた？　はっ、はっ、は。よーし。指置いて。そこに指置いて。指置かせるとね全部分かるんです。はい、Ｊちゃん。立って読んでごらん。

子供：（聞き取れない声）

先生ね、もっと聞きたいんだ。もう一回言ってみて。

子供：人間をよせつけませんでした。

すごい声が出たね。頑張ったね。廊下の先生にも聞かせたいからさ。もう一回言って。もう一回言って。はいどうぞ。

子供：人間をよせつけませんでした。

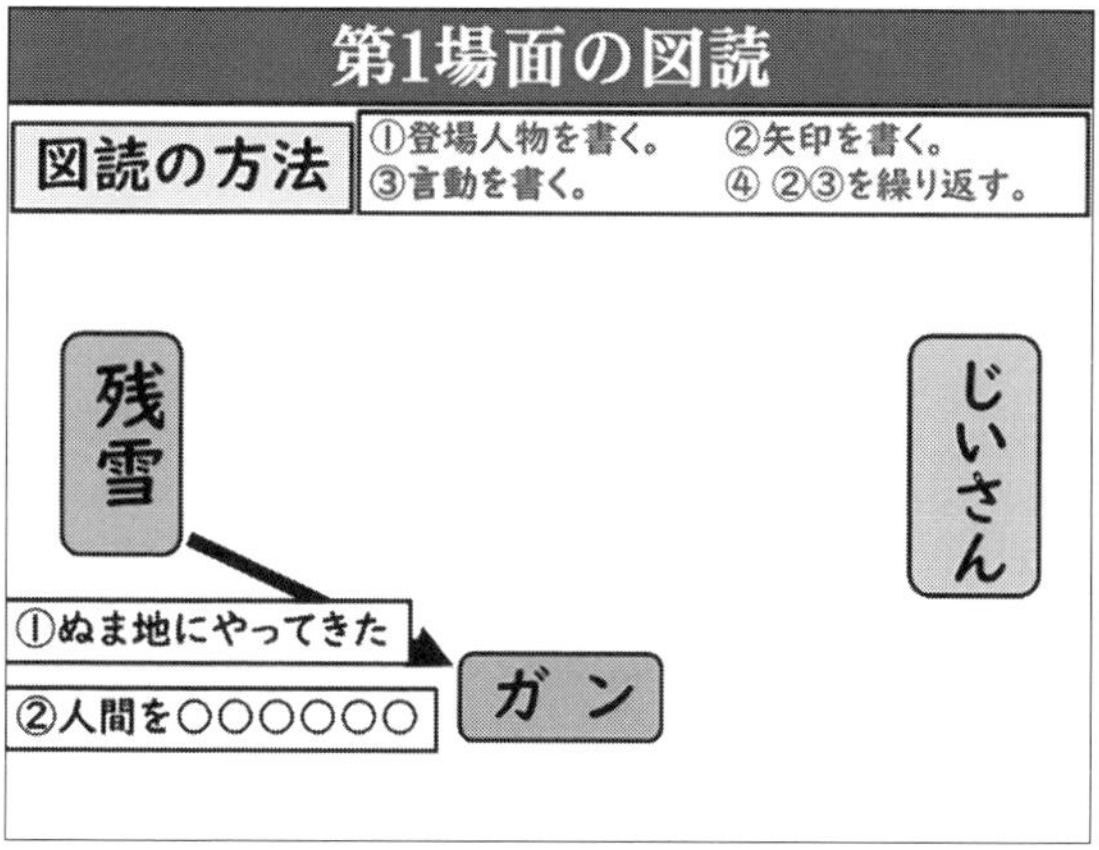
第1場面の図読
図読の方法
①登場人物を書く。
②矢印を書く。
③言動を書く。
④ ②③を繰り返す。
残雪
じいさん
①ぬま地にやってきた
ガン
②人間を〇〇〇〇〇〇

ほら（ささやくように）。同じだった人、手を挙げて。

全員一緒じゃないか。いいクラスだよ。

はい、赤で囲んで。「人間をよせつけませんでした」と書いてあるんだ。ちゃんと教科書に。国語は全て教科書から答えを見つけていく。はい、できた人、手を挙げて。

よし、じゃあこれを何と書こうかな。全部書いたら長すぎるよね。

子供：よせつけない。

もう一回言って。

子供：よせつけない。

よせつけない、そう思った人？

ほら、語彙力がついてきたんだよ。

いくよ。他、何がある。他のこと言ってごらん。

ちょっとまだ、思いつかなかったか？

よし！　正直でいい。正直な子は伸びるぞ。

はい、見てください。「人間をよせつけない」はい、鉛筆を持って。八秒、さっき十秒だったけど、スタート。「人間をよせつけない」と書きます。

若い先生はね、子供たちが、この書いてる、一生懸命書いてる姿に感動できるようにならないと駄目なんです。なんとなく書いてるんじゃない。一生懸命書いているからいいんです。空気が、教室の空気がピリッとしてる。

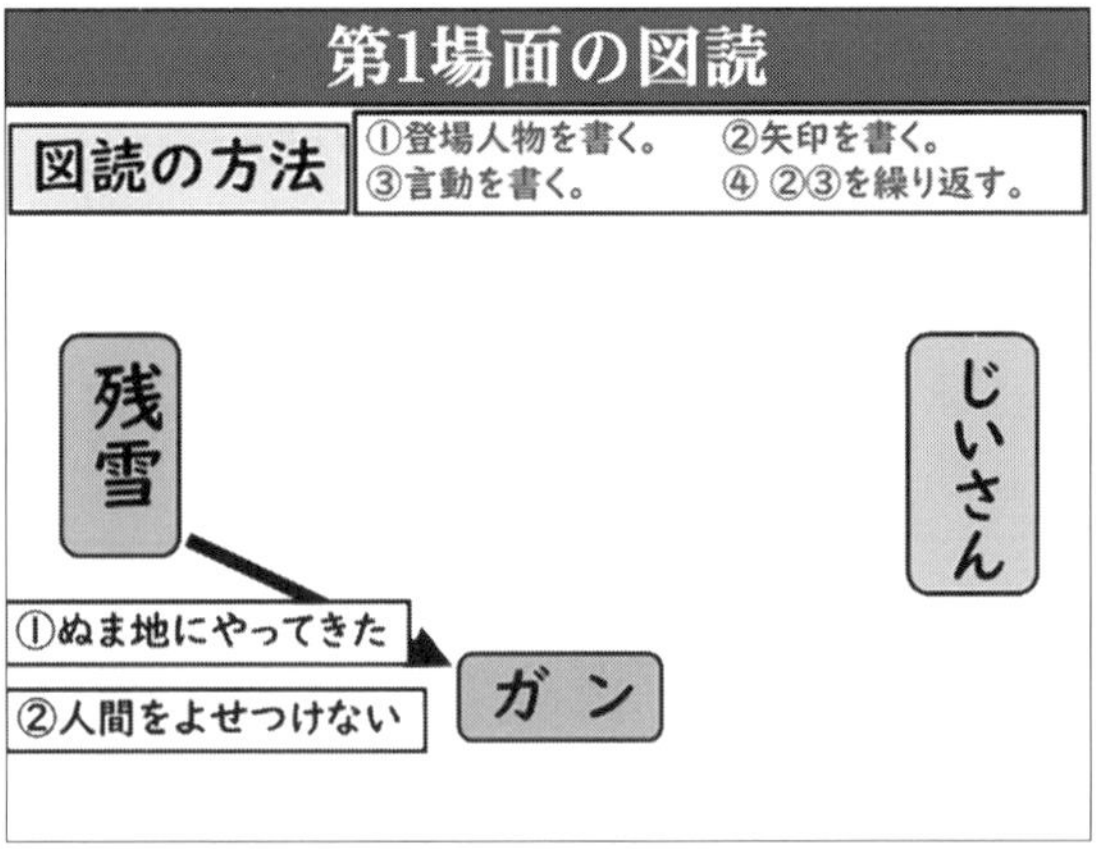

第1場面の図読
図読の方法
①登場人物を書く。
②矢印を書く。
③言動を書く。
④ ②③を繰り返す。
残雪
じいさん
①ぬま地にやってきた
②人間をよせつけない
ガン

よし、合格！

じゃあ次いくよ。スピード上げるぞ。さあ見てよ。画面。鉛筆持ってる人がいる。

はい、いくよ。次はここなんだ。はい、矢印だけ引いて。じいさんから残雪に矢印を引く。ちょっと上の方に引いとくといいかな。じいさんから矢印。残雪に矢印を引いてくださいね。何て書いてあるか読んでもらうよ。はい③。

子供：いまいましく思った。

はい、どこに書いてあるか探してごらん。もう立たなくていいから。指置いて。どこに書いてある？「いまいましく思った」。次のページいくよね。次のページいったよね。見つかった？

子供：はい。

見つかった人？

おーよかったな。そういうときは「あった」って言うんだよ。

はい、もういっぺん見つけてごらん。

子供：あった！（大きな声）

そうそう。そうそう。そんな感じのことが大事なんだよ。はい、丸で囲んで。そのとおりだ。よく出てきたねえ。いまいましく思ったんだ。

さあ画面いくよ。いくよ。ここだ。またいでますよね。ページをね。二ページ分だ。はい、これ同じだった人、手を挙げて。いまいましく思った。

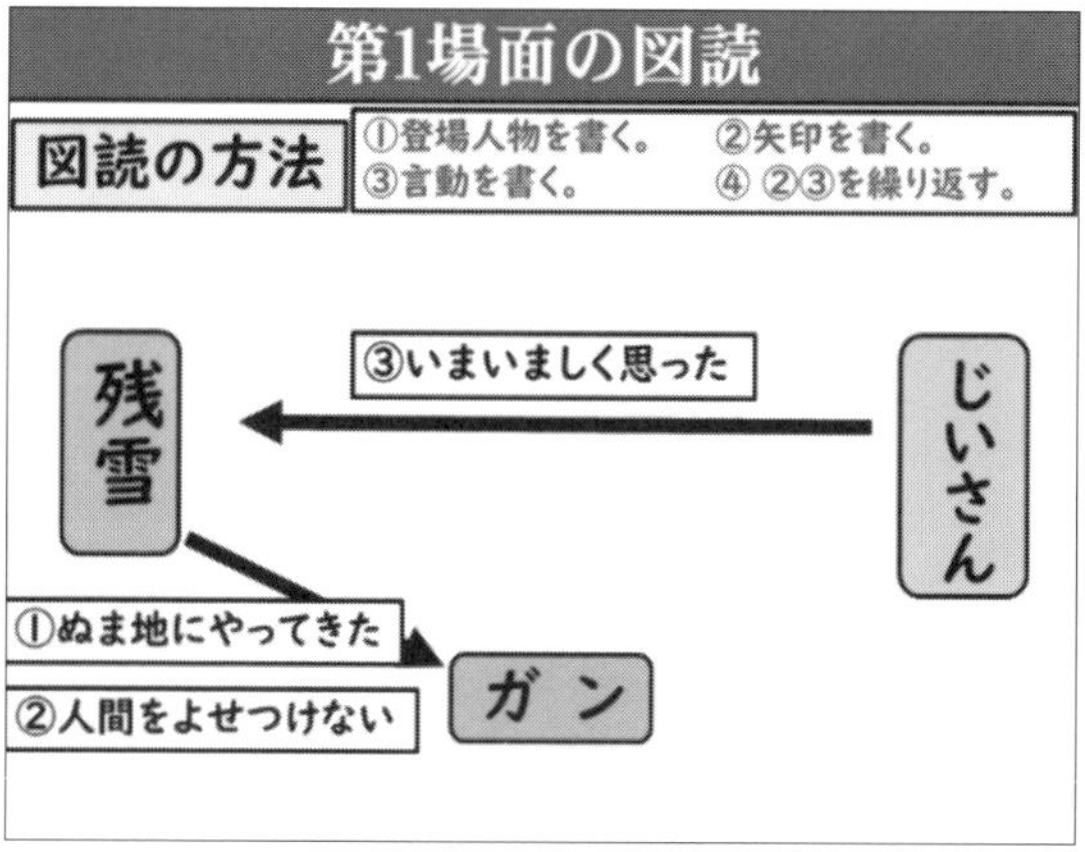
第1場面の図読
図読の方法
①登場人物を書く。
②矢印を書く。
③言動を書く。
④ ②③を繰り返す。
③いまいましく思った
残雪
じいさん
①ぬま地にやってきた
②人間をよせつけない
ガン

正解。下ろしていいよ。

じゃあ次いこう。四つ目。四番はじいさんからガンに矢印を引いてください。ねえ、スピードが上がってきたこと分かりますよねえ。スキルだからです。スキルだから速くなる。

はい。じゃあ④、一緒に読もうよ。男子だけ。④、読んでごらん。

子供：うなぎ…（声が揃わない）。

「うなぎつりばりをしかけた」。さんはい。

子供：うなぎつりばりをしかけた（声が揃う）。

はい、女の子読んでください。はい。

子供：うなぎつりばりをしかけた。

しかけた。そうです。さあどこに書いてある。探してごらん。当然さっきのところよりも前か後ろか？　どっち？

子供：後ろ。

後ろですよね。順番どおりやってるんだ。これが赤で囲んでるから分かるわけです。順番どおりやってる。お話をね。はい、指置いて。

子供：あった（児童口々に）。

見つけたら手を挙げて。はっ、はっ、は。一所懸命言うんだぞ。本気で言うんだぞ。

よし、合格！　じゃあ見てみよう。ここだ！「うなぎつりばりをしかけま

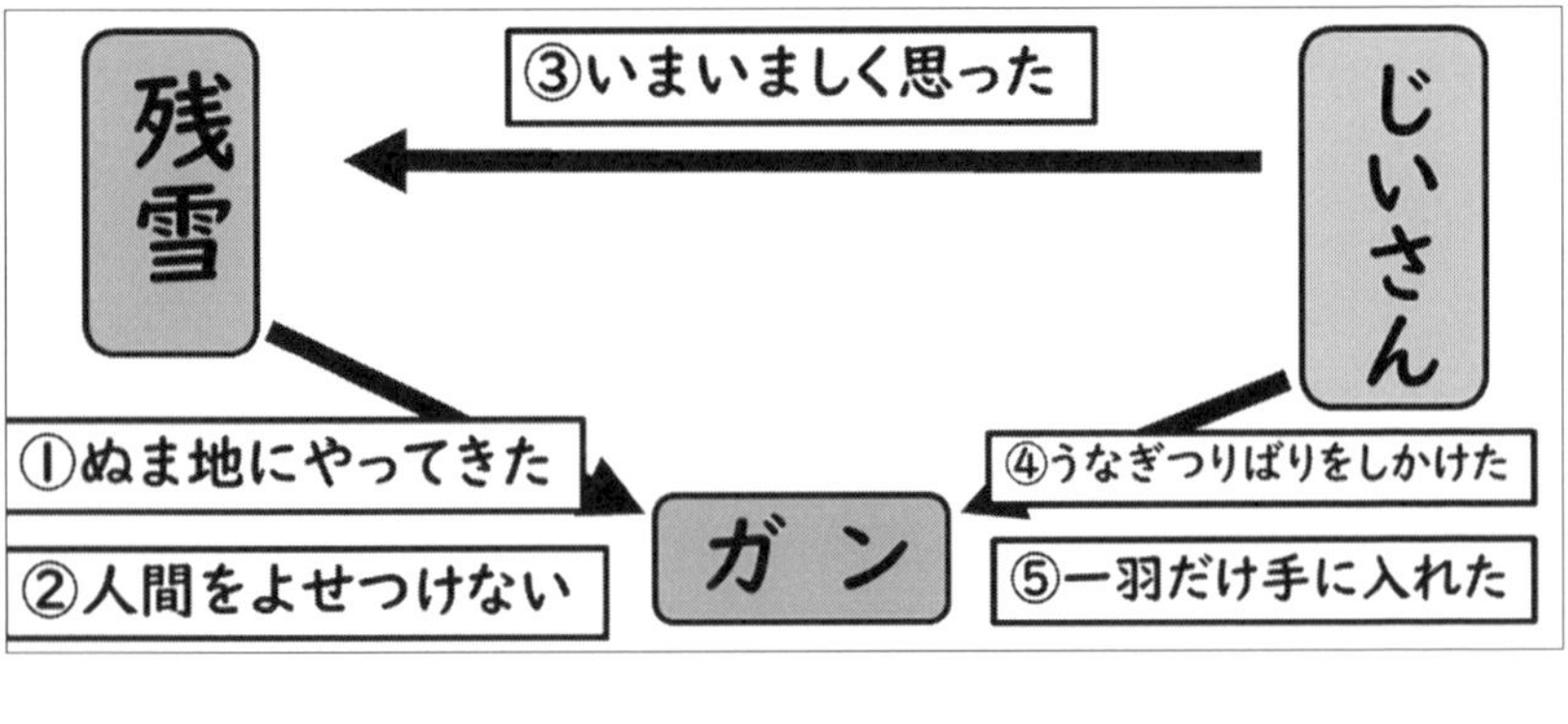

した」赤で囲んでください。速くなったねー。作業の速いクラスはいい学級なんだ。基本的に。よし！ 合格！

じゃあ最後いくよ。⑤、全員で読んでください。はい。

子供：一羽だけ手に入れた。

一羽だけ手に入れた。さあ、どこだ。見つけて。見つけたら手を挙げて。

「一羽だけ手に入れた」どこに書いてある？

子供：あった（児童口々に）。

おーし、あった。あった。そうだ。ここだ。後ろから二行目ね。はい、赤で囲んでごらん。「一羽だけであったが、生きているガンがうまく手に入った」と書いてある。赤鉛筆で囲んでください。一羽だけであったが。

いいねえ。よーし合格だ。

3 再話のすごい力

はい、見てくださいよ。さっ、このようになります。これで、えーとね。一の段落、一の場面の完成です。見てください。この真ん中に何か書いてあるよね。漢字二文字。読める人？ はい、読んでごらん。さんはい。

子供：再話。

再話。もう一回言ってごらん。

子供：再話。

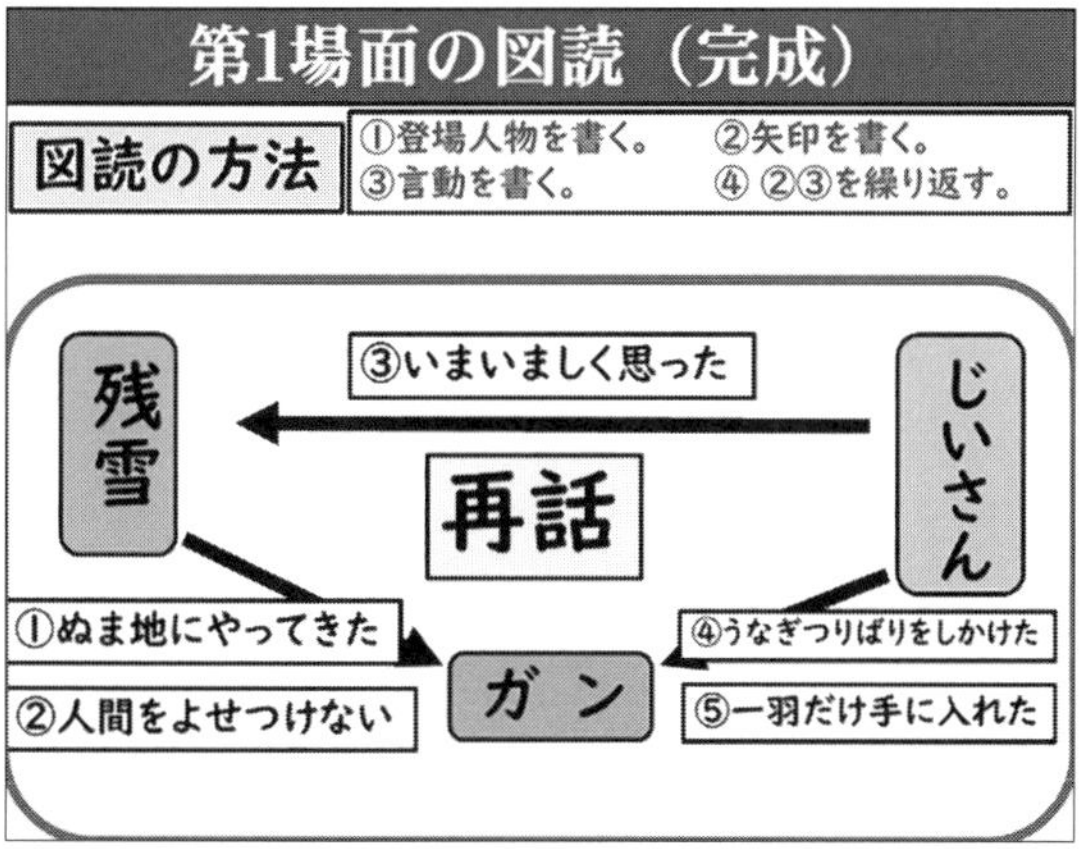
第1場面の図読（完成）
図読の方法
①登場人物を書く。 ②矢印を書く。
③言動を書く。 ④ ②③を繰り返す。
残雪
③いまいましく思った
じいさん
再話
①ぬま地にやってきた
②人間をよせつけない
ガン
④うなぎつりばりをしかけた
⑤一羽だけ手に入れた

再話というのはね、実はとても重要なんです。アメリカとかヨーロッパとかね、外国で読解、こんな長ーい文章の読解する力をつけるために、何が一番大事なんだろうかという研究がある。二十年間の研究。それで一番、読解力がついたというのが、この再話だ。ドイツで開発された指導法です。

簡単だぞ。いいかい。これを順番どおりにつなげて読むだけなんだ。一番、やってみるよ先生が。ここに指置いて。みんな、自分の一番、指置いて。プリント。あっ、④と⑤まだ書いてなかったかな。

（③④⑤を書いてなかったと児童が指摘）

じゃあ書いて。一分あげるから。ごめん、ごめん、書いてください。はいどうぞ。③④⑤書いてください。ごめんね。

はい、書けた人はプリント持ってきます。

（子供がプリントに書く）

はい持っておいで。こっちから持ってきて。廊下側からもってきてこう帰ります。動線を決めます。両手で持ってこう

前に手を、お願いしますと言って持ってきます。

子供：お願いします。

はい下に置いてください。合格。

子供：お願いします。

合格。

子供：お願いします。

合格三人。

子供：お願いします。

四。

子供：お願いします。
逆。
子供：お願いします。
はい五。
子供：お願いします。
六。
子供：お願いします。
七。
子供：お願いします。
両手、八。
子供：お願いします。
九。
子供：お願いします。
十、両手。
子供：お願いします。
十一。
子供：お願いします。
十二。
子供：お願いします。

十三。
子供：お願いします。
十四。
子供：お願いします。
十五。
子供：お願いします。
十六。
子供：お願いします。
十七。
子供：お願いします。
十八。いいねぇ。
子供：お願いします。
十九。よし合格。
子供：お願いします。
二十。いいぞ。
子供：お願いします。
二十一。
子供：お願いします。
はい。二十二。

子供：お願いします。

はい二十三。合格
子供：お願いします。

はい！ 二十四。

子供：お願いします。

とてもいい字だ。

二十五。はい。

子供：お願いします。

二十六。

子供：お願いします。

二十七。はい。

子供：お願いします。

二十八。はい。

いいぞー。はい持っておいで。がんばったねー！ 合格！ はい！

それでは、それでは今から番号順に読んでもらうから。これが再話だ。いくよ。先生見てて。一番。①、何て書いてある？

子供：ぬま地にやってきた。

遅い。二倍速く。もう一回。

子供：ぬま地にやってきた。

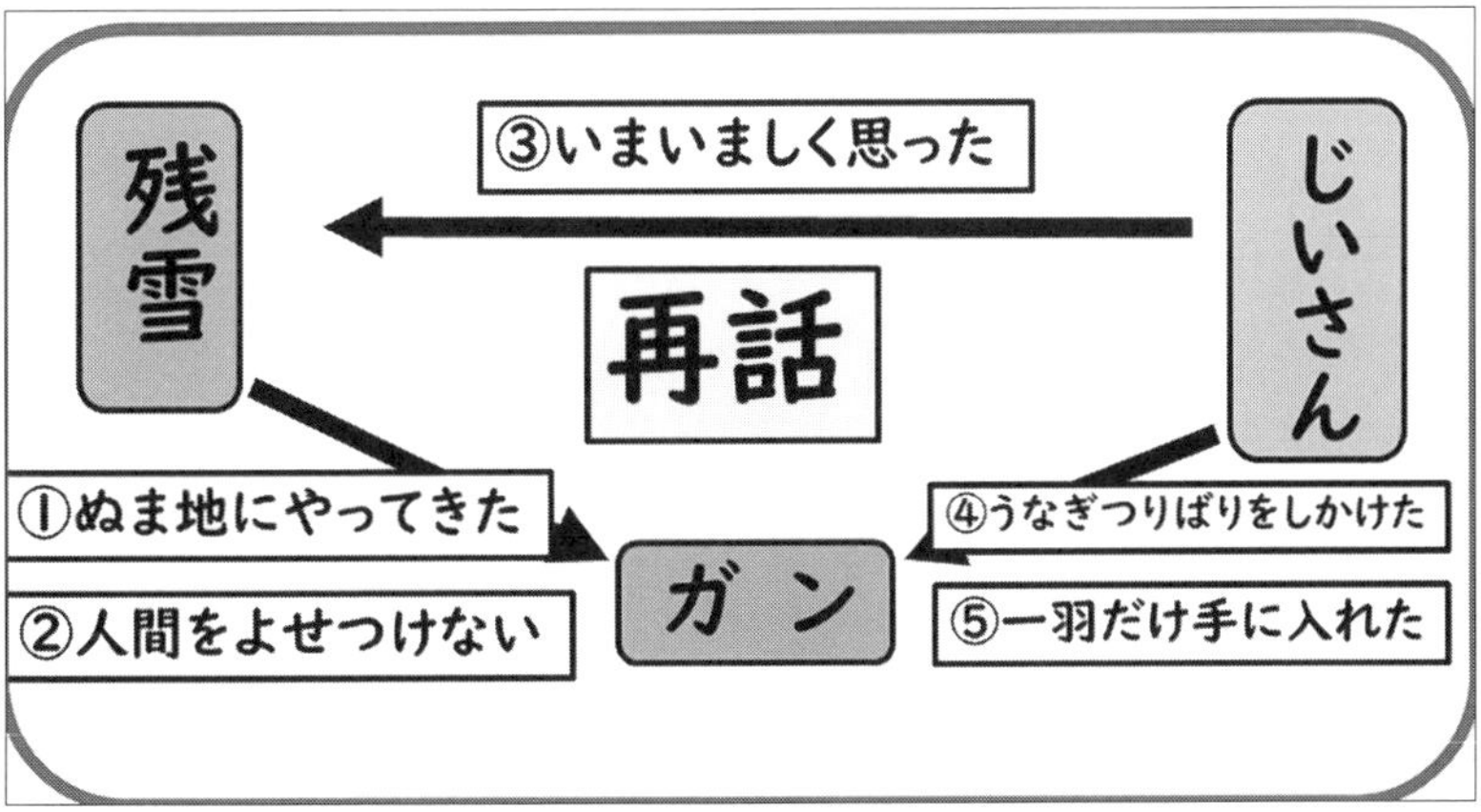

こういうふうに言うんだ。主語はこちら。残雪はガンを連れてぬま地にやってきた。こういうふうに言うだけなんだ。

はい言ってごらん。さんはい。

子供：残雪はガンを連れてぬま地にやってきた。

はい。自分のプリント指で押さえながら言ってごらん。さんはい。

子供：残雪はガンを連れてぬま地にやってきた。

残雪はガンを連れてぬま地にやってきた（同時に読む）。はい二番はどうなるかというと。残雪はガンを人間に。人間をよせつけなかった。残雪は人間をよせつけなかった。こういうふうに読めばいい。やってごらん。はいっ。

子供：残雪は人間をよせつけなかった。

はい。①と②を続けて読んでごらん。さんはい。

子供：残雪はガンを連れて。

プリントで。

子供：ぬま地にやってきた。

子供：残雪は人間をよせつけなかった。

はい立って二回言ったら座る。両手で持つ。

子供：それぞれ二回読む。

よし、合格！

さぁ次いくよ。

はい三番。やれる人、手挙げて。言える人。はい立ってごらん。こういう時にね、誰が見ていようと自分でやれると思ったのは生き抜く力。これがこれから求められる。できるけどどうしようかなって様子見るような生き方じゃダメなんだ、人間は。

いいか。すごいよ。三番だけ。主語こっちだよね。言ってごらん。

子供：じいさんは残雪をいまいましく思った。

拍手。

（子供が拍手する）

すばらしいです。合格。

たぶん今聞いた人たちは、「あっ僕もそう思った」と思ったでしょ。「私もそう思った」と思ったでしょ。でも彼は手を挙げたんだよ。ちゃんと。ここが重要なんだ。

はい全員起立。プリント持って。三番読んだら座る。

子供：じいさんは残雪をいまいましく思った。

よし合格。言えたでしょ。

はい。じゃあ次は、どうなるか分かってるね。四番指置いてごらん。自分で四番。自分で練習して。ちっさい声で。

子供：じいさんはガンにうなぎつりばりをしかけた。

やめ。言える人？

（手を挙げる人が増える）

こうなるんですよ。ほらぁ。はい、手を挙げた人、起立。

（子供が立ち上がる）

では四番言ってください。さんはい。

子供：じいさんはガンにうなぎつりばりをしかけた。

よし合格。座っていいよ。すばらしい。

五番先生がやるよ。じいさんはガンを一羽だけ手に入れた。これを①から順番に全部すらすら言うわけだ。これを再話っていうんだよ。そうすると、この長い一の場面が、わずかこれだけで全員あらすじを言うことができるんだよ。これが読解力なんだ。いくよ。両手で持って。

（子供がプリントを持ちだす）

一番から五番までは続けて言うんだよ。はい一回練習やってごらん。はい。

（子供はそれぞれ練習する）

できた？ すごいね。

できた、はい。

言えたというのが、みんなの目から伝わってくるんですよ先生。その目がね「学ぶ」ってことなんだ。いいか、よし合格！

じゃあ、やってもらうよ。この列、起立。全員立って。返事をする。座る。

この列、起立。返事をして立つ。

子供：はい。

はいどうぞ、持って。一人ずつ。合格と言われたら座っていい。はいどうぞ。一番から五番まで全部。

子供：残雪はガンに、ガンを連れてぬま地にやってきた。

子供：残雪は人間をよせつけない。

子供：じいさんは残雪をいまいましく思った。

子供：じいさんはガンとうなぎばり、ガンにうなぎばりを、うなぎつりばり。
子供：うなぎつりばりをしかけた。
うん。
子供：じいさんは一羽だけ手に入れた。
拍手。すごいねぇ。
はい次どうぞ。合格。
子供：残雪はガン、ガン、残雪はガンを連れてぬま地にやってきた。
子供：残雪は人間をよせつけない。
子供：じいさんは残雪にいまいましく思っていた。
うん。
子供：じいさんはガンと、ガンにうなぎばり、うなぎつりばりをしかけた。
うん。
子供：じいさんはガンを一羽だけ手に入れた。
よし合格です。すごいねー！
はい次どうぞ。
子供：残雪はガンを連れてぬま地にやってきた。
子供：えっ残雪はえっと、人間をよせつけなかった。
子供：じいさんは残雪にいまいましく思った。
子供：じいさんはガンにうなぎばりをしかけて、

うなぎつりばりをしかけた。
子供：じいさんはガンにうなぎつりばりをしかけた。
子供：えーじいさんは残雪を一羽だけ手に入れた。
子供：（他の子が間違いに気付く）
ん？　何？
（子供が間違いを指摘する）
はっはっは、も一回。はっは。厳しいなぁみんな。しっかり聞いてるね。
子供：じいさんはガンを一羽だけ手に入れた。
じゃあ拍手してあげてよ。よーしすごい。よく聞いてるよね、君たちね、優秀だね。
はい次どうぞ。
子供：じいさんはぬま地にやってきた。
子供：残雪は人間をよせつけなかった。
子供：残雪はいまいましく、残雪はじいさんに、じいさんは残雪をいまいましく思っていた。
子供：じいさんはガンに、じいさんはガンにうなぎつりばりをしかけた。
子供：じいさんはガンに一羽だけ、あ、じいさんはガンを一羽だけ手に入れた。
よーし、すごい。よくできた。はい最後。どうぞ。
子供：残雪はガンを連れてぬま地にやってきた。
うん。
子供：残雪は人間をよせつけなかった。

子供：じいさんは残雪をいまいましく思った。

うん。

子供：じいさんはガンにうなぎつりばりをしかけた。

うん。

子供：じいさんはガンを一羽だけ手に入れた。

よーし合格。

はい、この列、起立。いいかい、今度は一人一番ずつ。一番・二番・三・四・五やっていく。いいかい一番だけ。

子供：残雪はガンを連れてぬま地にやってきた。

合格。

子供：残雪は人間をよせつけない。

合格。

子供：じいさんは残雪をいまいましく思っていた。

合格。

子供：じいさんはガンにうなぎつりばりをしかけた。

合格。

子供：じいさんはガンを一羽だけ手に入れた。

よーし合格だー（拍手が起きる）。

はい、この列、起立。ポイントになるところは全員に発表する機会を与えます。

子供：はい。

緊張する中で成長する。
子供：残雪はガンを連れてぬま地にやってきた。
はい。
子供：残雪は人間をよせつけなかった。
はい
子供：じいさんは残雪をいまいましく思った。
はい。
子供：じいさんはガンにうなぎつりばりをしかけた。
はい。
子供：じいさんはガンを一羽だけ手に入れた。
よし！　合格だ。まだだよね。
子供：あ、まだです。
はい、やりたいそうです。はい、この列、起立。
子供：えっと。
持って読む。プリントを。はい。
子供：残雪はガンを連れてぬま地にやってきた。
合格だ。
子供：残雪は人間をよせつけない。
よし。

子供：じいさんは残雪をいまいましく思った。

よし。

子供：じいさんはガンにうなぎつりばりをしかけた。

よし。

子供：じいさんはガンを一羽だけ手に入れた。

よし。合格だ。すごいねー！

はい、この列、起立。四人とも続けて言ってね。四人しかいないからね。はいどうぞ！

子供：残雪はガンを連れてぬま地にやってきた。

はい次。

子供：残雪は人間をよせつけない。

子供：じいさんは残雪をいまいましく思った。

はい。

子供：じいさんはガンにうなぎつりばりをしかけた。じいさんはガンを一羽だけ手に入れた。

おー！　すごいねー。

はい次の列、起立。いくよ。はいどうぞ。

子供：残雪はガンを連れてぬま地にやってきた。

もうちょっとしっかりした声出して。みんなに聞こえるように。遠くに。

子供：残雪はがんを連れてぬま地にやってきた。

よし！　よく聞こえた。

子供：残雪は人間をよせつけなかった。
はい。
子供：じいさんは残雪をいまいましく思った。
はい。
子供：じいさんはガンにうなぎつりばりをしかけた。
子供：じいさんはガンを一羽だけ手に入れた。
待ってよ。五番読むから。四番だけ。もう一回四番だけ読んで。
子供：じいさんはガンにうなぎつりばりをしかけた。
はい。
子供：じいさんはガンを一匹だけ手に入れた。
おーすご。
子供：一羽だけ手に入れた。
おー！ 自分で読み換えたね。合格。よし！ よくできた。
(子供が拍手する)
声がしっかりしてきたでしょ。子供の。自信持ってきた証拠です。すばらしい。

4 最も重要な言動

それでは聞くよ。青いところ読んで。一番上の。さんはい。
子供：①から⑤の、どれが最も重要ですか。

①から⑤までの、どれが最も重要ですかってことです。この一番から五番まで。さぁこの一の場面。出来事が書いてある場面なんだ。いいかい。この言動の中でどれが最も重要かです。十秒考えてください。

さぁ決めたら自分のプリントのその番号に指置いて。自分で置くんだよ。自分で。置いてない人、手を挙げて。置いて。

よし、じゃ聞くよ。①に置いた人、手を挙げる。いない。正解です。①ではありません。これは、この出来事のポイントは沼地にやってきたことじゃないよね。これは分かる。これは読解ができたということです。

②だと思う人？

二人いますね。二人。よし、合格！　二人思ったんだから。自分の考えだからいいんだよ。

③、いまいましく思った。これだと思った人？

これ増えますね、当然ねー！

よし。次、④。うなぎつりばりをしかけた。これだと思う人？

二人います。

⑤だと思う人？

こういうふうに分かれるんですよ。

③と⑤に大きく分かれてんだ。③と⑤で聞くよ。はい。③と⑤で、どちらか

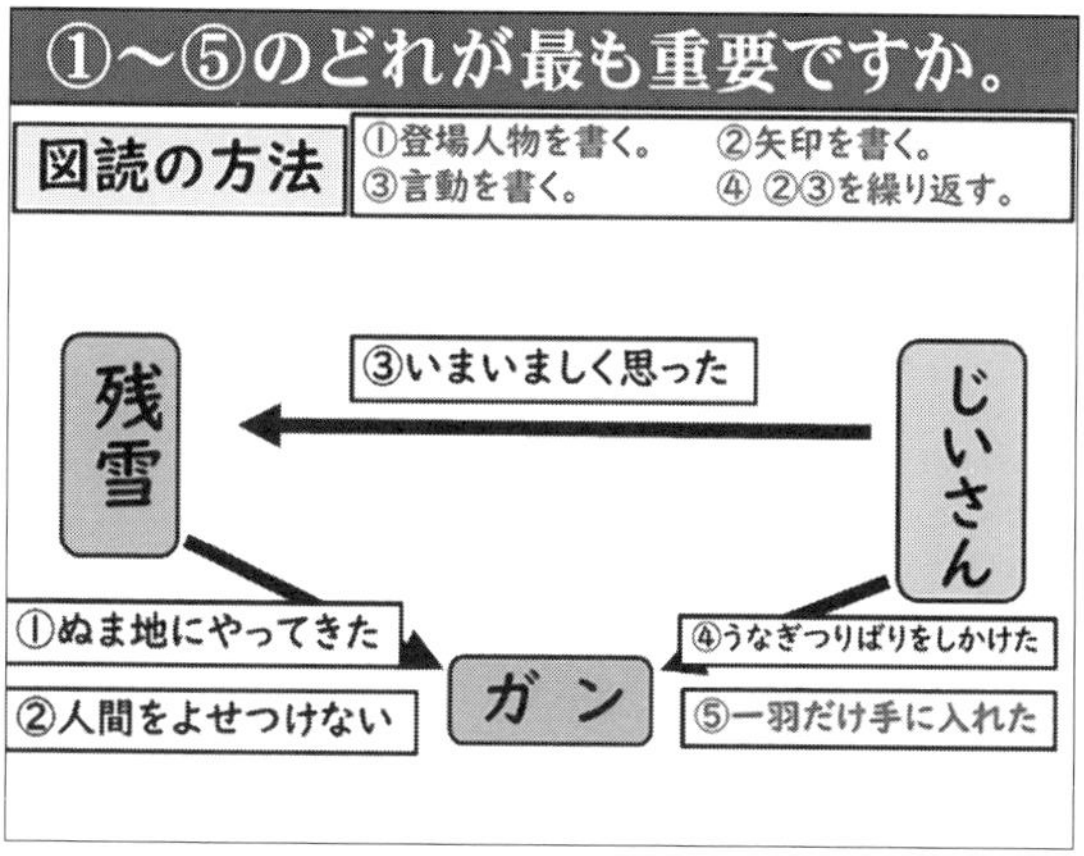
①～⑤のどれが最も重要ですか。
図読の方法
①登場人物を書く。
②矢印を書く。
③言動を書く。
④ ②③を繰り返す。
残雪
③いまいましく思った
じいさん
①ぬま地にやってきた
②人間をよせつけない
ガン
④うなぎつりばりをしかけた
⑤一羽だけ手に入れた

で判断して。決めたら起立。

（立っていく）

はい、じゃあいきますよ。③だと思う人、座る。

（子供が座る）
⑤だと思う人、座る。
（子供が座る）

はい、というふうに。これが子供たちの、この場面での読解力ということなんです。どれが一番重要かを問うた時に分かれるわけです。分かるよね。これが勉強していくと当然どれか一つにしゅーっと集まっていきます。

正解は⑤です。⑤、読んでごらん。さんはい。

子供：一羽だけ手に入れた。

手に入れたんだよ。このことがこの場面の一番大きな出来事なんだよ。手に入れたんだよ。分かるだろ？

子供：はい。

いまいましく、「かー残雪めぇー、ちくしょーっ」っていう感じだよね。いまいましい。そのことと大造じいさんがガンを手に入れることができた。捕まえることができた。どっちが重要？

子供：手に入れる。

そうなんだよ。いいかい。それでもこちらだと思う人は、それでいいんだ。自分の考えだから。今のね。ここなんだ。

ここでやっていくよ。今日は⑤でやっていきますよ。

5 一の場面の要約

じゃあ一羽だけ手に入れたと書いてあるのは教科書のどこですか。教科書に書いて。指置いてごらん。どこに書いてある？ それ。一羽だけ手に入れたって、どこに書いてある？

はい、ここですよね。その一文を読んでみようか。一文。いくよ。一羽だけであったが、さんはい。

子供：一羽だけであったが、生きているガンがうまく手に入ったので、じいさんはうれしく思いました。

もう一回読んでもらうよ、さんはいっ。

子供：一羽だけであったが、生きているガンがうまく手に入ったので、じいさんはうれしく思いました。

合格です。よく読めた。

物語の場面。その場面を要約していくわけだ。いいか。その時に、必ずこうやってまとめてある一文があるんです。基本的には。高学年になれば特に！

この一文を探すことが重要なんだ。

で、これをね、さぁ、一羽だけであったが、生きているガンがうまく手に入ったので、じいさんはうれしく思いました。と、もう一つ大事な言葉があるんだよ。これ何だと思う？ 探してごらん。教科書から。一の場面で。見つけた人、起立。何々な何々って書いてある。二文字二文字。両方とも漢字。

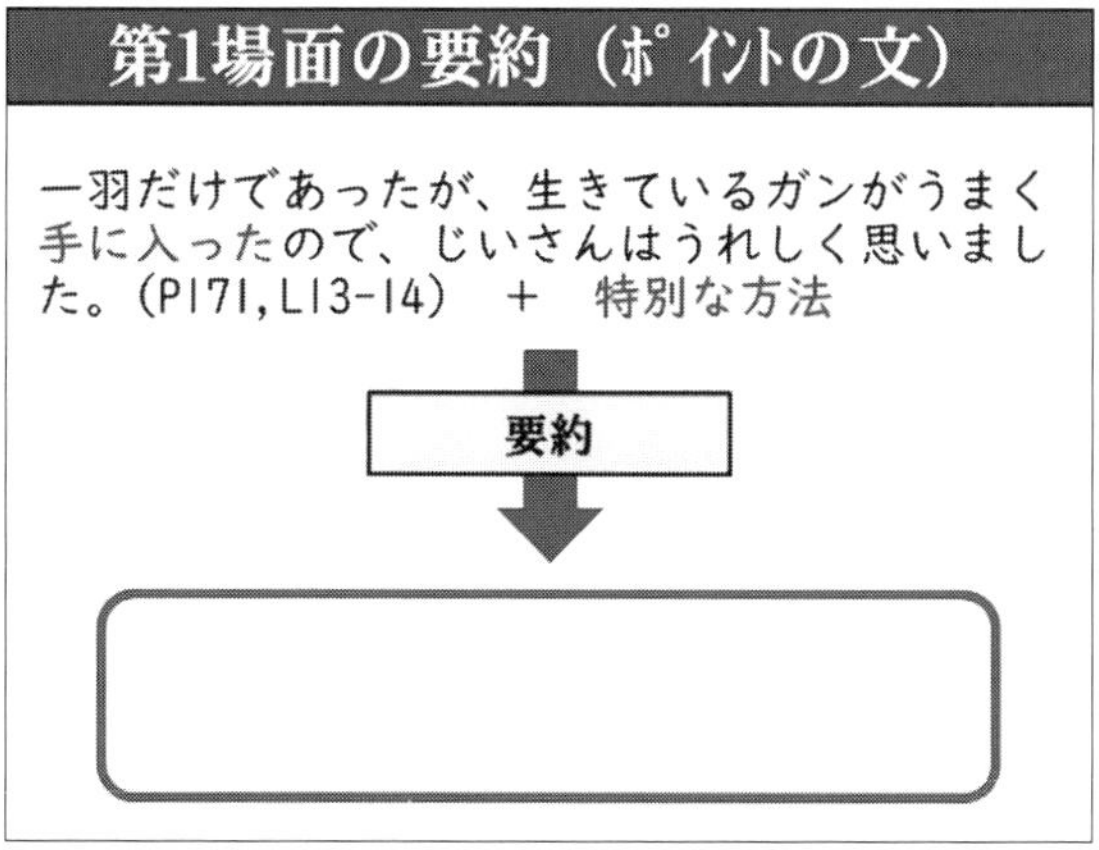
第1場面の要約（ポイントの文）
一羽だけであったが、生きているガンがうまく手に入ったので、じいさんはうれしく思いました。(P171, L13-14) ＋ 特別な方法
要約

一人。

先生方に聞いてみようか。先生方、分かる人、手を挙げてください。

あ、いないよー。考えて。

お一人見つけましたね。はーい。

(子供が立ちだす)

お、ほら。こうやってね。必死になって今探しているわけです。これがＰＩＳＡ型の情報の探し出し。

じゃあ立っている人だけ言ってもらうよ。さんはい。

子供：特別な方法。

正解です！

みんな探して指置いてごらん。特別な方法どこに書いてある？　はい赤で囲む。そのとおりなんだよ。よし、合格！　これねー。

じゃあみんな画面。手に持っているもの置いてね。一羽だけであったが、生きているガンがうまく手に入ったので、じいさんはうれしく思いました。プラス特別な方法。これをくっつけて、要約するわけだ。一文で。いくよ。これとこれを合わせるんだ。ちょっと考えてごらん。どういう文になる？　ちょっとでもいいから言える人いる？

お！　ほら。挑戦する子が増えてきたでしょ。立って。そこまで。手を挙げた人、立って。これだけで君たち優秀だ。はい、言ってごらん。

第1場面の要約（ポイントの文）

一羽だけであったが、生きているガンがうまく手に入ったので、じいさんはうれしく思いました。(P171,L13-14)　＋　特別な方法

↓ **要約**

〇〇な〇〇で一羽のガンが手〇〇〇て
(　　　　　　　)大造じいさん

子供：特別な方法で一羽だけ手に入れた。

いいねえ「特別な方法で一羽だけ手に入れた」と言ってくれました。言葉をね、選んでますよね。全部言うんじゃなくて。合格。99・9だ。はい、言ってごらん。

子供：特別な方法でガンがうまく手に入った。

いいじゃないですか。特別な方法を最初に持ってきた人、手を挙げてごらん。正解なんだよ。それは。ね、とってもいい。合格。はい言ってごらん。

子供：特別な方法でじいさんはガンを手に入れた。

ほぼ、似通ってきたでしょ。つまり要約というのは全部一緒になるんですよ。なぜかというとポイントの文が同じだからです。はい、言ってごらん。

子供：特別な方法で生きているガンがうまく手に入った。

すばらしいです。はい、言ってごらん。

子供：特別な方法で一羽だけガンがうまく手に入った。

いいじゃないですか。

一字でもちょっと違うな、と思う人、立って。はい、自分の考えで。一字でもちょっと違ったという人、いませんか？ いる？ いない？

よし、いくぞ。さあ、じゃあ見てみよう。少しずつ出していくから。どうだろうねえ。一行目、上の一段目だけを入れてみてください。小さい声で言ってみて、一段目だけ。

第1場面の要約（ポイントの文）

一羽だけであったが、生きているガンがうまく手に入ったので、じいさんはうれしく思いました。(P171,L13-14) ＋ 特別な方法

↓ **要約** ↓

特別な方法で一羽のガンが手に入って（　　　　　　）大造じいさん

（子供がそれぞれに言う）

はい、誰か言える人、上だけ、言える人？　じゃあ、さっき立った人以外で今手を挙げている人、立って。

ほら、すごいねえ。同じだったら座る。こうやって一斉に終わっていく。はい、言ってごらん。

子供：特別な方法で一羽のガンが手に入って。

特別な方法で一羽のガンが手に入って。これだね。これ使ったんだよな。

子供：はい。

あの五つの中で最も重要なキーワードがこれだったから。入れた、同じだった人座って。

Ｊちゃん、言ってごらん。

子供：特別な方法で一羽のガンを手に入れたので、
そこまで。「一羽のガンを」、にしたんだ。「を」にすると、手に「入れた」ので、になるんだよ。助詞が変わると日本語は変わっていくんだ。百点。よかったよ、ここでは「ガンが」にしよう。「ガンが」。

じゃあＪちゃん、どうなる？　次は。立ってごらん。できるから。はい、もう一回ゆっくり言ってごらん、「特別な方法で」。

子供：特別な方法で一羽のガンが手に入ったので。

ほら、手に「入った」になるでしょう。音読すると、日本語ってちゃんとできるようになっているんだよ。これが、言語感覚。正解。

じゃあみんなで言ってみようか。特別な方法で、さんはい。

子供：特別な方法で一羽のガンが手に入って。

ね、手に入って。

さあ下だ。立ってごらん。

おお、すごいねえ。下、何入る？

子供：うれしく思った大造じいさん。

ここに書いてあるね。うれしく思った大造じいさん。そう思った人？　ちゃあんとここから使っているじゃない。じゃあそれ以外にある人？　いるはずだ、ここの中に、絶対いるはずだ。一字でも違うのは違うんだよ。

じゃあもう一回みんなで言ってみようか。特別な、さんはい。

子供：特別な方法で一羽のガンが手に入って、うれしく思った大造じいさん。

うれしく「思いました」だから、それを「思った」に換えたでしょ。これが語彙力なんです。これが全国学調で毎年出てくるわけです。言葉を言い換える力、みんなね、すごくあるということだよ。

いくよ。うれしく、次は？

子供：思った。

正解だよ。

ところが、これ何文字あるか数えてごらん、みんな。ここ、書いてもらおうか。プリント、先ほどプリント裏。はい、裏にこれ写してごらん。特別な方法だから、ゆっくり写す。この括弧はいらないからね。括弧いらないから、ゆっくり。縦書き。

先生方ね、子供たちが今写してるとこ、どこ見ればいいのかというと、目線

第1場面の要約（ポイントの文）

一羽だけであったが、生きているガンがうまく手に入ったので、じいさんはうれしく思いました。（P171, L13-14）　＋　特別な方法

↓ **要約**

特別な方法で一羽のガンが手に入って（うれしく思った）大造じいさん

を見るんですよ。言葉のまとまりごとに写せているかを見てあげる、これが視写力なんです。一文字ずつ写すのはだめなんです。

言葉のまとまりでね、例えば、「特別な」といって「特別な」と書いてるかどうかを見るんです。だから、なんとなく書いてるなと見たらだめなんです。視写っていうのが一番重要だから。これ、六年の全国学調にも響くわけです。教師は目線を追う、子供の。

はい、写し終わったら手を挙げる。

はい。がんばったね。視写ってね、結構子供たちが書いていると教師は安心して、あ、写してるなと思うけどね、ほとんど力になっていません。まとまりごとに写す力が一番重要なんです。ここが最大のポイントです。

みんな優秀だよ。先生、目を見ていた。六年生力あるねえ。はい写した人、起立。

はいプリント持って読んでごらん。二回読んだら座る。

(子供が口々に読む)

やめ。いくよ。

6 二十五字以内に要約

二十五字にしてほしいんだ。何文字ある？　数えてごらん。一・二・三・四…

(子供が口々に数える)

いくつ？

子供：三十字。

はい、三十字。三十って書いて。数字。今、子供たちが数える時にね、指をこうやって一文字ずつ動かすとき上げて数える子がいるんです。数えるのに。上げて数えるからミスが多くなるんです。そういうとこまで見てやるんです。

よし、いくよ。これを二十五字にする。言葉の言い換え。どうする？　ちょっとやってみて。一分あげるからやってごらん。二本線引いたり、これをこう書き換えるとか。全部書き直さなくていいから。二本線引いて、今書いたのに。これをこのように書き換える。そしたら二十五になる。これがね、語彙力なんです。

先生方もやってみてください。これ二十五字にしてください。三年生以上では日常的にこれをやるんです。そうすると全国学調のときに、字数が多すぎたときに削れるわけです。

あと三十秒。二十五になった人、立って。高学年はものすごく喜んでやるんですよ、知的だから。

やめ。お、よし、言ってごらん。

子供：特別な方法でガンをとってうれしく思った大造じいさん。

特別な方法で、一羽を抜かしたわけだな。ガンを「手に入れた」を何に換えた？

子供：とって。

「とって」に換えたんだよ。ほらこういうふうにする力なんだよ。

はい、あと、言ってごらん。はいどうぞ、プリント持つ。

第1場面の要約（ポイントの文）

一羽だけであったが、生きているガンがうまく手に入ったので、じいさんはうれしく思いました。(P171, L13-14)　＋　特別な方法

↓

25字で要約

↓

特別な方法で一羽のガンが手に入ってうれしく思った大造じいさん（30字）

子供：特別な方法で一羽のガンが手に入ってうれしく思った。

うれしく思った、「大造じいさん」は削っちゃったわけだ。こういう考え方もあるんだね。工夫したわけだよ。

じゃいくよ。最後の大造じいさんは一番中心人物。これはね、かえちゃいけないんだ。これ残すものです。ごんぎつねだったら最後何になる？

子供：ごん。

ごん。スイミーだったら？

子供：スイミー。

スイミー、そう。中心人物を最後にもってくるわけだ。

いくよ。うれしく思ったを、二文字にする。

ちょっと周りの先生に聞いてみようか。誰に聞いてみる？　周りの先生、誰に聞いてみる？

子供：丸亀先生。

丸亀先生、言ってみて。丸亀先生。（笑）

丸亀先生：こんなおじいさんでいいですか？　喜ぶ。

ああ、喜ぶ。喜ぶは漢字だ。「ぶ」は送り仮名だ。喜ぶ大造じいさん。どう？　よさそう？　いいと思う人？

同調しちゃいけないんだぞ。駄目だという人？　ちょっと変じゃないかなと思う人？

第1場面の要約（ポイントの文）

一羽だけであったが、生きているガンがうまく手に入ったので、じいさんはうれしく思いました。(P171,L13-14)　＋　特別な方法

↓

25字で要約

↓

特別な方法で一羽のガンが手に入って喜ぶ大造じいさん（　　字）

いいか？ 他どう？ 他。今みたいに二文字にする。
よし、やってみるぞ。「喜ぶ」を入れて読んでみようか。特別な、さんはい。
子供：特別な方法で一羽のガンが手に入って喜ぶ大造じいさん。
数えて。何字？
子供：二十五文字。
二十五、なんです。いいか。この力が重要なんだ。はい、終了。

7 モチーフ（中心題材）

いくよ次。二の場面。あの要約というところだけ読む。残雪の、さんはい。
子供：残雪のちえにやられ、感嘆の声をもらした大造じいさん。
三。
子供：またしても残雪にやられ「ううん。」となった大造じいさん。
四。
子供：おとりのガンを…
えさばに、
子供：餌場に放ち、小屋の中で待つ大造じいさん。
五。
子供：銃を構え準備した時、ガンが飛び立ち、驚いた大造じいさん。
六。

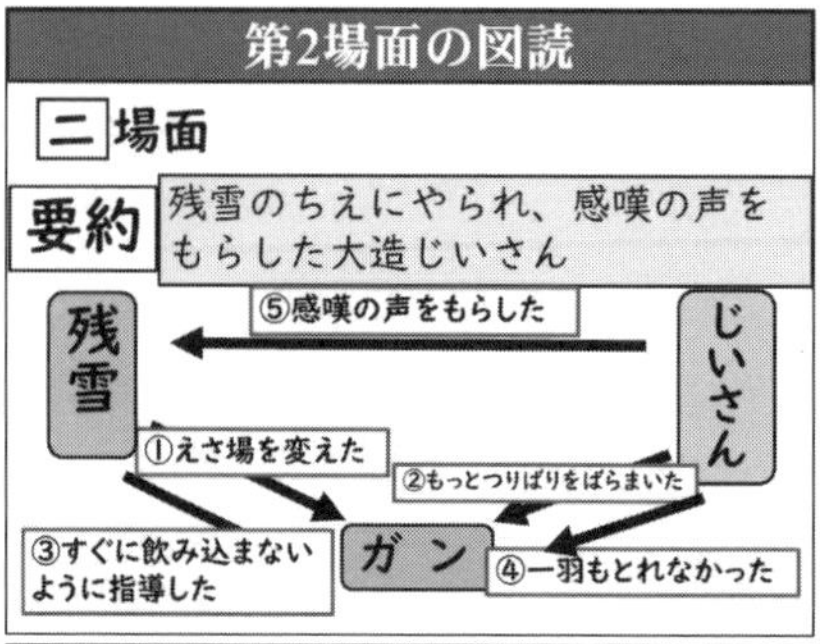
第2場面の図読
二場面
要約
残雪のちえにやられ、感嘆の声をもらした大造じいさん
残雪
じいさん
ガン
⑤感嘆の声をもらした
①えさ場を変えた
②もっとつりばりをばらまいた
③すぐに飲み込まないように指導した
④一羽もとれなかった

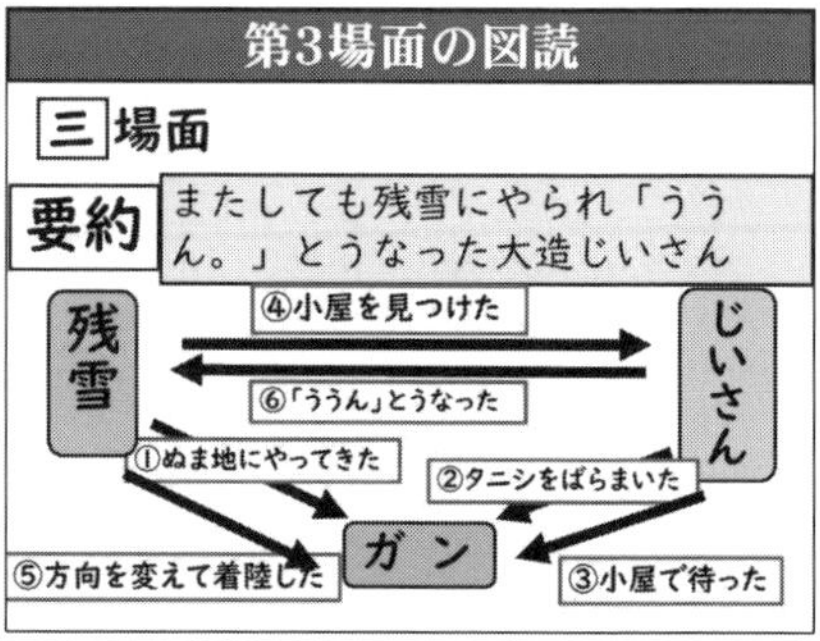
第3場面の図読
三場面
要約
またしても残雪にやられ「うう ん。」とうなった大造じいさん
残雪
じいさん
ガン
④小屋を見つけた
⑥「ううん」とうなった
①ぬま地にやってきた
②タニシをばらまいた
⑤方向を変えて着陸した
③小屋で待った

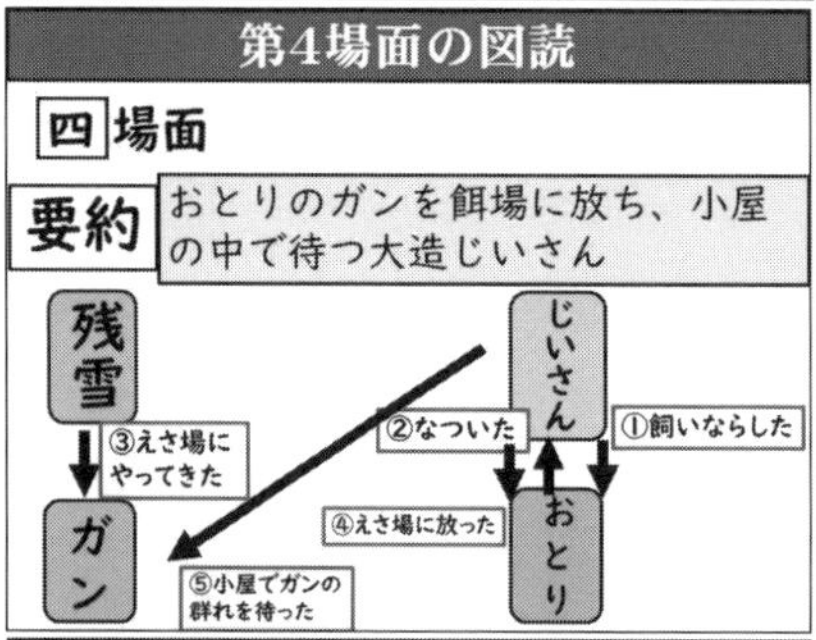
第4場面の図読
四場面
要約
おとりのガンを餌場に放ち、小屋の中で待つ大造じいさん
残雪
ガン
じいさん
おとり
③えさ場にやってきた
②なついた
①飼いならした
④えさ場に放った
⑤小屋でガンの群れを待った

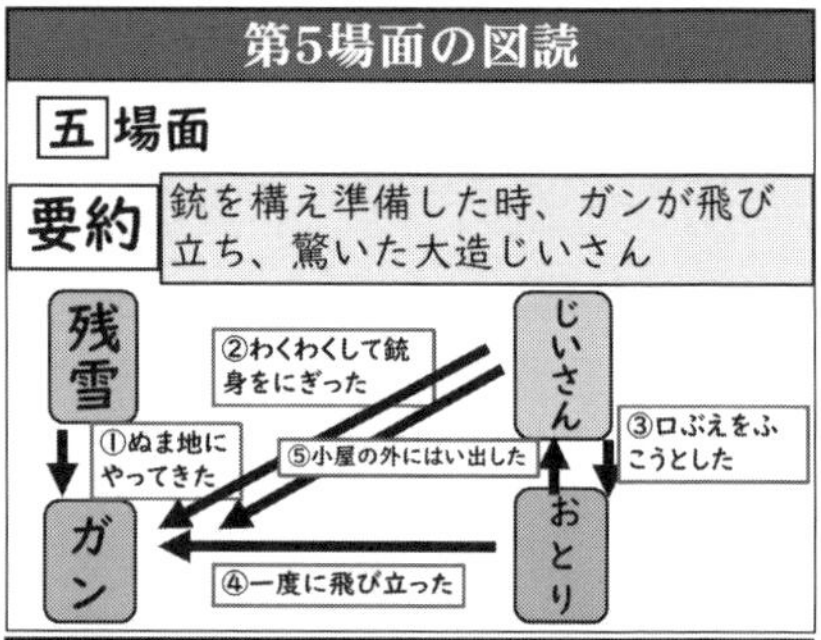
第5場面の図読
五場面
要約
銃を構え準備した時、ガンが飛び立ち、驚いた大造じいさん
残雪
ガン
じいさん
おとり
②わくわくして銃身をにぎった
①ぬま地にやってきた
⑤小屋の外にはい出した
③ロぶえをふこうとした
④一度に飛び立った

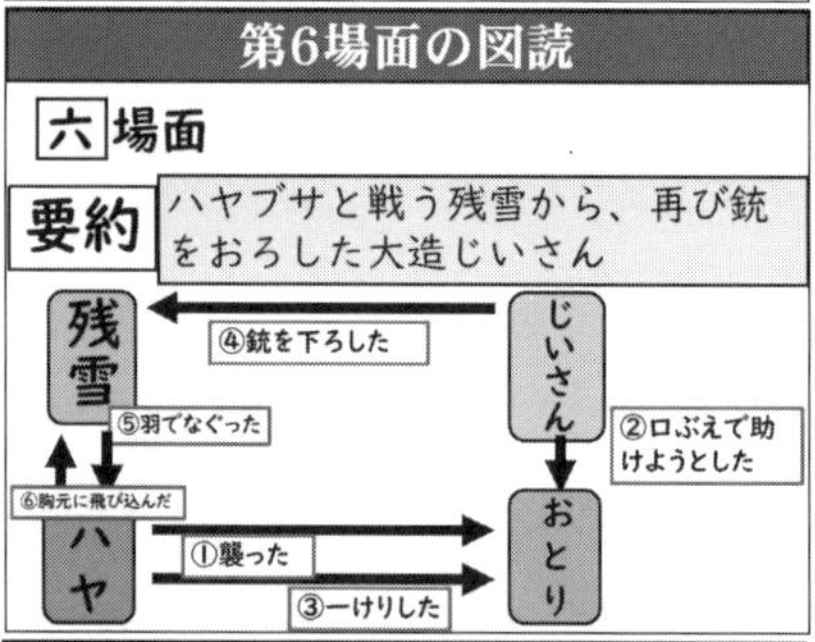
第6場面の図読
六場面
要約
ハヤブサと戦う残雪から、再び銃をおろした大造じいさん
残雪
じいさん
ハヤ
おとり
④銃を下ろした
⑤羽でなぐった
⑥胸元に飛び込んだ
②ロぶえで助けようとした
①襲った
③一けりした

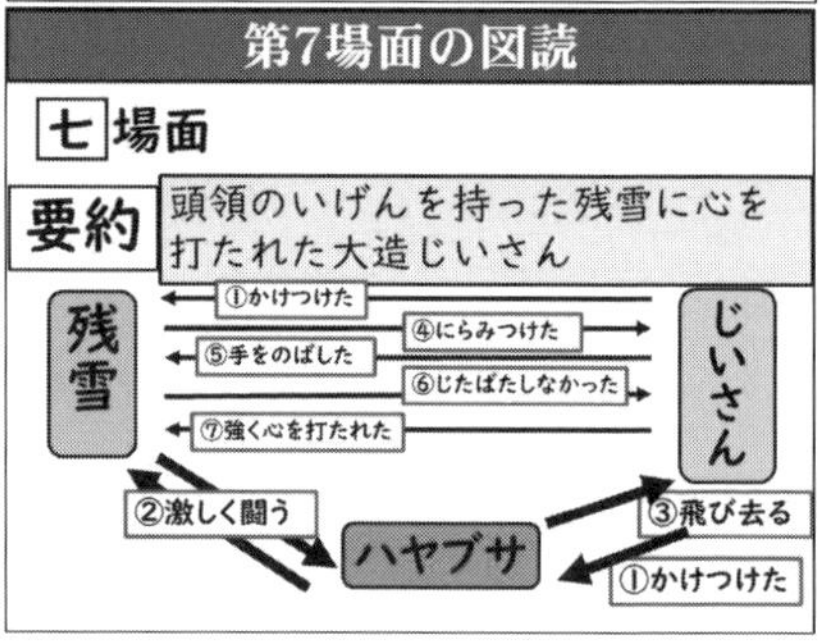
第7場面の図読
七場面
要約
頭領のいげんを持った残雪に心を打たれた大造じいさん
残雪
じいさん
ハヤブサ
①かけつけた
④にらみつけた
⑤手をのばした
⑥じたばたしなかった
⑦強く心を打たれた
②激しく闘う
③飛び去る
①かけつけた

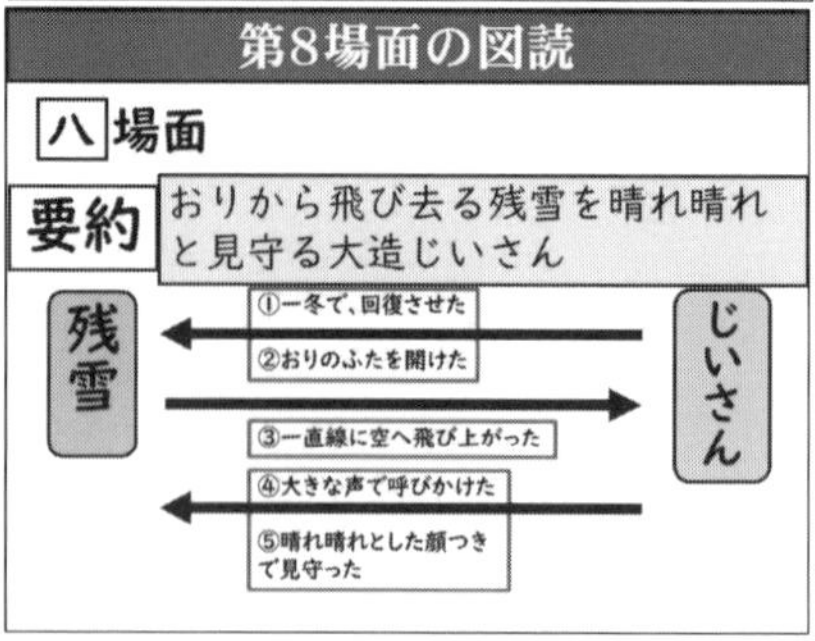
第8場面の図読
八場面
要約
おりから飛び去る残雪を晴れ晴れと見守る大造じいさん
残雪
じいさん
①一冬で、回復させた
②おりのふたを開けた
③一直線に空へ飛び上がった
④大きな声で呼びかけた
⑤晴れ晴れとした顔つきで見守った

子供：ハヤブサと戦う残雪から、再び銃をおろした大造じいさん。

七。

子供：頭領のいげんを持った残雪に心を打たれた大造じいさん。

八。

子供：おりから飛び去る残雪を晴れ晴れと見守る大造じいさん。

並べました。要約のところだけを並べました。ポイントとなる言葉を確認するよ。色が違うところだけ読みます。

一。

子供：生け捕る。

二。

子供：やられる。

やられる。三。

子供：やられる。

四。

子供：おとり。

五。

子供：銃を構える。

六。

子供：戦う。

七。

子供：頭領。

八。

子供：飛び。

共通する言葉は何か？　漢字一文字。分かる人、起立。銃とか、やられるとか、戦いとか。あるいは頭領とか。これらから共通するものは何だ。漢字一文字。全部何のことが書いてあるんだ、と考えてみて。全部の場面は何のことが書いてあるんだって考えてみるんだ。いい目をしている。立ってごらん、気づいたら。これかな、とかすかに思ったら立ってごらん。

ほら、言える。よし、そう。じゃあ言ってもらうよ。はい。

子供：戦い。

戦い。同じ人、座る。はい。

子供：尊い。

尊い。同じ人、座る。はい。

子供：争い。

ん？

子供：争い。

争い。はい。

子供：行い。

行い。

共通すること＝中心題材

①場面：特別な方法で一羽のガンを生け捕って喜ぶ
②場面：残雪のちえにやられ、感嘆の声をもらした
③場面：またしても残雪にやられ「ううん。」とうなった
④場面：おとりのガンを餌場に放ち、小屋の中で待つ
⑤場面：銃を構え準備した時、ガンが飛び立ち驚いた
⑥場面：ハヤブサと戦う残雪から、再び銃をおろした
⑦場面：頭領のいげんを持った残雪に心を打たれた
⑧場面：おりから飛び去る残雪を晴れ晴れと見守る

□い

はい。こうきますよ。どれもいい言葉じゃないですか。ね。先生は「戦い」って考えたんです。「尊い」っていう言葉いいですね。そっちがいいかもしれない。先生が正解じゃないんだぞ。勉強っていうのは。みんなが一生懸命考えて出した答えがいいものだっていっぱいあるんだ。

じゃあ、中心人物は誰だろうね、この物語の。残雪か、大造じいさんか、両方か。手を挙げてもらうよ。残雪？

いない。

大造じいさん？

なし。

大造じいさんと残雪？

こうなりますね。だって題名こっちになっているもんね。ガンになってるもんね。両方。それも考えがある。

8 中心人物で「主題」が変わる

次。中心人物で主題。この作品がみんなに伝えたいことが変わる。赤いとこ、黒いとこ読んでもらうよ。残雪が中心人物だと主題は何になる？　読んでごらん。

子供：頭領の威厳。リーダーの責任。

大造じいさんが中心人物だと。

共通すること＝中心題材

①場面：特別な方法で一羽のガンを生け捕って喜ぶ
②場面：残雪のちえにやられ、感嘆の声をもらした
③場面：またしても残雪にやられ「ううん。」となった
④場面：おとりのガンを餌場に放ち、小屋の中で待つ
⑤場面：銃を構え準備した時、ガンが飛び立ち驚いた
⑥場面：ハヤブサと戦う残雪から、再び銃をおろした
⑦場面：頭領のいげんを持った残雪に心を打たれた
⑧場面：おりから飛び去る残雪を晴れ晴れと見守る

戦い

子供：ライバルへの思いやり。ライバルの勇気への感動。

大造じいさんと残雪が中心人物だと。

子供：生存競争。生存競争の中の敵への感動。

となる。一つ選んで書く。はい始め。一つ選んで書く。この黒で書いてあるところ、どこか一つ。自分がこれだと思うもの。書いてごらん。書いたら立ちます。他の言葉がある人は、他の言葉で。書いたら立つ。立つ。

いいですねえ。はい。これ、正解、間違いないんだよ。自分の考えで。

はい。はい。全員立ちました。

言ってもらうよ。同じだったら座る、ね。「頭領の威厳」と書いた人、座る。

よし、正解。

「リーダーの責任」と書いた人、座る。

いない。

「ライバルへの思いやり」だと書いた人、座る。

いる、正解。

「ライバルの勇気への感動」これだと思う人、座る。

すごいねえ。

「生存競争」だと思う人、座る。

「生存競争の中の敵への感動」だと思う人、座る。

Jちゃん、立って。主題は何ですか。私は主題は何だと考えます。と言って

中心人物で主題は変わる

①残雪
　頭領の威厳　リーダーの責任
②大造じいさん
　ライバルへの思いやり
　ライバルの勇気への感動
③大造じいさんと残雪
　生存競争
　生存競争の中の敵への感動

ごらん。

子供：生存競争の、
私は。

子供：私は生存競争の、競争だと思います。

私は生存競争だと思ったんだね。いい。よし、合格。じゃあそれ、二重丸をつけなさい。自分が書いたの、丸、二つ。

今自分が書いたとこ、ノートに、赤鉛筆で、赤ボールペンで。花丸つけてます。よし、合格。

よし、それじゃあ鉛筆置いて。前を向く。

今日は、みんなとね、一時間だけ図読という新しいお勉強の仕方をしました。これは今日、一の場面しかやらなかったけど、持って帰って、自分の好きな場面、短いとこでいいから、やってみると、すごく力がつきます。何場面やってみようか、ちょっと、もう一回考えてごらん。自分は今日ここ帰ってからやってやるぞ。決めて。

これが学びに向かう力です。

（チャイム）

はい、二の場面だった人手を挙げて。

三の場面。

四。

五。

六。

七。

八。

最後の場面。

それじゃあ今日の学習これで終わります。腰骨をぴんと立てて。ありがとうございました。

子供：ありがとうございました。

はい、それじゃあ、また、しっかりお勉強がんばってくださいね。

子供：はい。

では、さよなら。

子供：さよなら。

（チャイム、鳴り終わる）

いかがでした？（子供と談笑する）

あとがき

「図読法」は、令和2年度の全国学力・学習状況調査に出題された「金色のあしあと」（椋鳩十）という初見の文章を、限られた時間で、どのように読解すればよいのかを考える中で生まれました。作品全体の「あらすじ」を登場人物とその行動を矢印を使って簡単な図に表したものでした。この簡単な図が大きな反響を巻き起こしました。人物関係図ではなく「あらすじ」が分かる点がポイントでした。

そして、向山洋一氏の作品全体の構成を扱う分析批評の授業（「ひょっとこ」「桃花片」）を基にして向山氏の単元構成をそのまま取り入れ、その指導過程に「図」を取り入れたのが、今回の「図読法」です。向山洋一氏の分析批評の実践がなければ、「図読法」は誕生していませんでした。

また、当初は「図読」という名称でした。それを、「図読法」の方が伝わりやすいと指摘してくださったのが堀田龍也氏（東北大学）でした。「図読法」というのは、堀田龍也氏の命名です。

「図読法」が誕生してわずか1年ですが、物語文の指導法だけでなく、道徳科においても活用されるなど、大きな広がりを見せています。

さらに、私が主宰する『図読法』交流LINE」で毎日1分間のVoiceメッセージを発信しています。本書は、LINEでの発信や授業の文字起こしを基にできあがっています。多くの先生方のご協力で完成させることができました。

最後に、学芸みらい社の樋口雅子氏には、本書の企画段階からレイアウト、タイトル等、多くのご示唆をいただきました。心より感謝申し上げます。このあとも、「オンライン国語授業スキル」「読解指導」「分析批評」と発刊されます。ご期待いただければと思います。

椿原正和

【著者紹介】

椿原正和（つばきはら　まさかず）

（にこにこ先生）

2020年３月公立小学校を早期退職し「令和の全国教育行脚」をスタートする。「にこにこ先生」（商標登録）として全国42都道府県で360回以上の授業・講演を行う。また、コロナ禍でのオンライン授業・講演も300回を超える。

全国で授業・講演活動。教育アドバイザー（宮城県白石市、広島県風早小、島根県長久小、東京都中山小）。新たな国語科指導法（①全国学テ記述式問題指導法、②「作業」で物語文の「構造」を読み取る「図読法」、③「読解スキル」で説明文を読み書く指導法）を開発し全国に広げている。著書多数。専門は、国語科教育（読解力）、オンライン授業論、家庭教育。講師依頼は、弊所HP（https://icem.jp）よりお願いします。

国語教科書の読解力は「図読法」でつける
～“作業”で物語の“構造”を読み取る指導法

GAKUGEI MIRAISHA

2022年１月20日　初版発行

著　者　　椿原正和
発行者　　小島直人
発行所　　株式会社　学芸みらい社
〒162-0833 東京都新宿区箪笥町31 箪笥町SKビル3F
電話番号 03-5227-1266
https://gakugeimirai.jp/
e-mail：info@gakugeimirai.jp
印刷所・製本所　藤原印刷株式会社
企　画　　樋口雅子
校　正　　大場優子
組　版　　本郷印刷KK
装丁デザイン　吉久隆志・古川美佐（エディプレッション）

落丁・乱丁は弊社宛にお送りください。送料弊社負担でお取り替えいたします。

ISBN978-4-909783-92-9 C3037